IAN McCANN (HG.)

BOB MARLEY

IAN McCANN (HG.)

BOB MARLEY

IN EIGENEN WORTEN

VORWORT VON
MAX HERRE

Aus dem Englischen von
Ursula Damm

PALMYRA

Die Originalausgabe erschien 1993 unter dem Titel
Bob Marley – In his own words
bei Omnibus Press, London.

Special thanks vom Palmyra Verlag
an Max Herre vom Freundeskreis

Die Deutsche Bibliothek – CIP-Einheitsaufnahme
Ein Titeldatensatz für diese Publikation ist bei
Der Deutschen Bibliothek erhältlich

PALMYRA VERLAG, Hauptstraße 64, 69117 Heidelberg
Telefon 06221/165409, Telefax 06221/167310
e-mail: palmyra-verlag@t-online.de
www.palmyra-verlag.de

Lektorat: Kathrin Razum
Umschlaggestaltung: Georg Stein und Michael Grub
Umschlagfoto: Adrian Boot/Bob Marley Music Inc.
Satz: Christoph Morlok
Druck und Bindung: Wiener Verlag, Himberg
Printed in Austria
ISBN 3-930378-29-9

Inhalt

Vorwort 11

Einleitung 13

Die Anfänge 16

Freunde und Kollegen 23

Platten und Songs 28

Reggae 36

Musik 42

Politik 47

Kampf 51

Seine Botschaft 57

Rasta 60

Rasse 68

Jah 72

Afrika und die Repatriierung 75

Amerika 79

Das Musikgeschäft 81

Gewalt 86

Lebensweise 90

Frauen 94

Gras 96

Berühmtsein 99

Die Medien 102

Krankheit 104

Mystiker des Natürlichen 107

Bildlegenden 112

Bildnachweis 113

Diskographie 114

Anmerkung der Übersetzerin

Bob Marleys Sprache war nicht nur geprägt durch seine Herkunft aus den Ghettos von Kingston, sondern auch durch seinen Rasta-Glauben, dessen herausragendster Vertreter er zugleich war. Im Deutschen ist der rhythmische Ghettodialekt zwangsläufig nicht zu »retten«; einige zentrale Rasta-Begriffe jedoch wurden in der deutschen Übersetzung erhalten und sollen im folgenden kurz erklärt werden.

Wichtigster Glaubensinhalt der Rastafari ist die Überzeugung, daß die aus Afrika vertriebenen Schwarzen erst dann erlöst sein werden, wenn sie ins »gelobte Land« Äthiopien heimkehren können, und daß Haile Selassie I. (Kaiser von Äthiopien 1930-36 und 1941-74; vorkaiserlicher Name Ras Tafari Makonnen) Gott ist. Diesen Gott nennen sie – in Anlehnung an die alttestamentarische Bezeichnung »Jahwe« für Gott – »Jah«.

Das Bewußtsein und die Zurschaustellung dieser gemeinsamen afrikanischen Wurzeln wird in der Rasta-Sprache *roots* genannt. Der Begriff wird im allgemeineren Sinn auch angewandt auf alles, was die Zustimmung der Rastas findet. *Roots reggae* ist demnach ein an den Wurzeln orientierter, authentischer Reggae, bei dem der Reggae-Rhythmus strikt eingehalten wird und kein Einfluß anderer Musikrichtungen deutlich wird.

Die Identität der Rastas kommt auch in den benutzten Personalpronomen zum Ausdruck. Für *ich/wir* bzw. *mir/uns* etc. nimmt man anstatt des im jamaikanischen Patois üblichen *me* das positiv belegte *I* oder – zur Betonung – *I and I* oder *I-man*. Diese Begriffe heben sowohl die Individualität der Person als auch ihr Einssein mit Gott und allen Menschen hervor. *I and I* steht auch für einen Rasta oder Rastas im allgemeinen.

Wann immer die Rastas, die generell einen kreativen Umgang mit Sprache pflegen, in einem Wort die gängige Anfangssilbe durch *I-*, das positivste aller Wörter, ersetzen, zeigt das ihre Zustimmung oder daß das Wort für ihren Glauben bedeutsam ist. Dementsprechend ist *I-tal* (abgeleitet vom englischen *vital*: lebenswichtig) ein Wort für die »natürlich« (zum Beispiel ohne zu töten) gewonnenen Nahrungsmittel, die bestimmten zum Teil aus dem Alten Testament abgeleiteten Ernährungsvorschriften entsprechen (Gemüse und Obst, kein Fisch, kein Fleisch, Zubereitung ohne Salz); im weiteren Sinn bedeutet das Wort auch »natürlich, vernünftig, gottgegeben«.

Den *roots* oder auch *I and I* gegenübergestellt ist das System, auch *Babylon* genannt, ein Begriff, der für die »weiße«, westliche Zivilisation und ihre Repräsentanten im allgemeinen steht, speziell aber auch für ihr Streben nach Materiellem und für Korruption.

Danksagung

Mein besonderer Dank gilt folgenden Personen, ohne die es dieses Buch nicht geben würde: Joan Baguley, Noel Hawks, Danny Kelly und dem *NME*, Rob Partridge, Chris Charlesworth, Gaylene Martin. Mein Dank auch an Mum und Dad.

Aufrichtiger Dank auch den nachfolgenden Autoren:

Sebastian Clarke, Neil Spencer, Stephen Davis, Sheryl Garratt, Timothy White, Penny Reel, Chris May, Cathy McKnight, John Tobler, Malika Lee Whitney, Dermott Hussey, Carl Gayle, Roz Reines, Ray Coleman, Harry Hawk, Keith Bourton, Paul Gambaccini, Colin Irwin, Kris Needs, Paolo Hewitt, Karl Dallas, Jon Futrell, John Williams, Mike Phillips, Chris Salewicz, Richard Grabel, Myles Palmer, Martin J. Rowbotham, Scott Cohen.

Für ihre unverzichtbare Grundlagenarbeit, von der ich dankbarerweise profitieren durfte, gebührt folgenden Zeitungen und Zeitschriften große Anerkennung:

New Musical Express, *The Face*, *Sounds*, *Melody Maker*, *Echoes*, *Black Music*, *Oui*, *Blues & Soul*, *No Chains Around My Feet*, *ZigZag*, *Time Out*, *The Times*, *Daily Mail*, *Daily Mirror*, *The Jamaican Daily News*, *The Jamaican Weekly Gleaner*, *Rolling Stone*, *Street Life*, *Crawdaddy*, *Sunday*

Express (Jamaika), *Record Mirror*, *The Guardian*, *The Best Of Rebel Music.*

Folgende Bücher waren für mich von unschätzbarem Wert:

Adrian Boot, Vivien Goldman: *Bob Marley. Soul Rebel – Natural Mystic;* Stephen Davis: *Bob Marley*; Timothy White: *Catch A Fire. The Life Of Bob Marley*; Sebastian *Clarke: Jah Music;* Stephen Davis, Peter Simon: *Reggae Bloodlines;* Stephen Davis, Peter Simon: *Reggae International;* Cathy McKnight, John Tobler: *Bob Marley;* Malika Lee Whitney, Dermott Hussey: *Bob Marley. Reggae King Of The World.*

Ian McCann, Juni 1992

Get Up, Stand Up

Vorwort von Max Herre

Ich war acht Jahre alt, als Bob Marley am 11. Mai 1981 seinem Krebsleiden erlag. Meine erste »Bob Marley & The Wailers«-Platte habe ich mit vierzehn gekauft. Es war *Babylon By Bus*, ein Live-Album, das sie 1978 auf Europatournee aufgenommen hatten und das heute noch mein Lieblings-Live-Album ist. Vielleicht ist es das, was Bob Marley als Musiker vor allem auszeichnet: Als ich *Babylon By Bus* neulich wieder einmal mit meinen Bandkollegen anhörte – wir arbeiten momentan selbst an einer Live-Platte – war sie kein bißchen weniger zeitgemäß als 1978, zur Zeit ihrer Einspielung, oder 1987, als ich sie zum ersten Mal hörte. Und »zeitlose Musik« zu erschaffen ist ein Prädikat, das nur den größten Musikern vorbehalten ist.

Für mich beschreibt ein anderer Plattentitel am treffendsten Persönlichkeit und Musik Bob Marleys – *Soul Rebel*. Soul als das Ventil, durch das sich die Afrikaner in der Diaspora ihr Leid und ihre Liebe buchstäblich von der Seele singen. Rebellion, die Bob Marley in Stücken wie *Get Up, Stand Up* offen und für die Unterdrücker verständlich formulierte, während sich nur wenige Jahre vor ihm Texter höchstens trauten, ihren Unmut »in Zungen« zu äußern, einer metaphorischen Geheimsprache der Sklaven, die bis heute erhalten ist.

Bob Marleys Aufstieg zum internationalen Star ist ein westindisches Märchen: Ein »rude boy« aus Trench Town, dem Ghetto Kingstons, ein Mischling, dessen weißer Vater sich sehr bald aus dem Staub machte, der seine Kindheit auf dem Land in Nine Miles verbrachte, macht mit ein paar Freunden eine Musik, die außerhalb Jamaikas noch gänzlich bedeutungslos ist, und schließt sich einer lokalen religiösen Gruppierung an. Als er im Alter von 36 Jahren stirbt, ist er einer der größten Musiker des 20. Jahrhunderts, einer der wichtigsten Sprecher der Repatriierungs-Bewegung und der Rastas, aber auch einer der wichtigsten Botschafter des Internationalismus und der Einigkeit aller »Kinder Gottes« (»one love, one heart…«).

Ein Ausspruch, der vielleicht als Stereotyp für eine afroamerikanische Lebensphilosophie steht, heißt: »Wenn du nicht weißt, woher du kommst, wirst du niemals wissen, wohin du gehst.« Bob Marley hat bei allem Ruhm niemals vergessen, woher er kam. In *No Woman, No Cry* beschreibt er zum Beispiel seine Zeit in Trench Town. Ich denke, daß die meisten, die dieses Buch lesen, sich schon etwas näher mit Bob Marley befaßt haben. Trotzdem ist es mir ein Anliegen, bei allen Mißverständnissen über Reggae und Bob Marley vor allem in Deutschland, ein für allemal zu klären, daß »no woman, no cry« nicht »keine Frau, keine Sorgen« oder so bedeutet, sondern daß die doppelte Verneinung auch im Patois gang und gäbe ist (nein Frau, weine nicht!).

Ja, es gibt nur einen Bob Marley. Doch sein Geist lebt weiter, in den »Consciousness«-Texten von Dancehall-Künstlern wie Luciano, Capleton oder Sizzla, im von jamaikanischen Einwanderern in New York geprägten Hip-Hop und ich hoffe, auch ein bißchen in uns Hip-Hops aus Deutschland.

Stuttgart, März 2000

Einleitung

Beim Zusammenstellen dieses Buches ist mir wieder einmal klargeworden, daß Bob Marley wirklich einmalig war. Obwohl er häufig in einem jamaikanischen Ghetto-Dialekt gesprochen hat, der inzwischen bis zu einem gewissen Grad durch die härtere Sprache einer jüngeren Generation abgelöst wurde, die womöglich in einer noch rauheren Umgebung aufgewachsen ist als er selbst, ändert das nichts an der Überzeugungskraft und Eindringlichkeit seiner Gedanken. Kein anderer Musiker wird mit den Fragen konfrontiert, die ihm ganz selbstverständlich gestellt wurden. Wenn andere Stars gedrängt werden, sich zu Revolution oder Religion zu äußern, antworten sie in Platitüden oder Klischees. Bei Marley erwartete man immer mehr, und für gewöhnlich bekam man es auch. Auch wenn er seine Meinung ab und zu änderte – was, wie bei jedem, der einen regen Verstand besitzt, durchaus der Fall war –, so hatte er doch immer unheimlich viel zu sagen, »so much things to say«. Einiges davon ist hier zusammengetragen.

Es spricht für Marley, daß er selten ein Interview verweigerte. Die meisten Songwriter haben, ohne ihre Gitarre, wenig Interessantes zu sagen. Wahrscheinlich hätte Bob Dylan, eine Persönlichkeit, mit der Marley oft verglichen worden ist, genauso viele faszinierende Aussagen zu bieten, nur rückt Dylan gar nicht erst damit heraus. Marley betrachtete das

»Verhör« durch die Presse als Teil seines Jobs, seiner Pflicht – wie sonst sollte die Welt verstehen, was mit »Rastafari« gemeint war, wenn er nicht bereit war, es zu erklären? Selbst wenn die Presse ihn vollkommen mißverstanden hatte, ließ er nicht locker. Bob Marley wollte verstanden werden und selbst verstehen, und ich hoffe, daß dieses Buch ein wenig dazu beitragen kann. Er konnte außergewöhnlich gut mit Sprache umgehen – selbst wenn er eigentlich sagt: »Also, dazu kann ich wirklich nichts sagen« (als größter Held des von inneren Konflikten zerrissenen Jamaika stand er unter enormem Druck), kommt seine Meinung noch zum Ausdruck.

Marley war kein Engel. Sein Leben war hart, und er selbst war mit allen Wassern gewaschen. Er war aber auch ein gewitzter Bursche mit einem hintergründig-bösen Sinn für Humor. Akzeptiert seine Aussagen so, wie sie sind: ob ihr ihnen zustimmt oder sie ablehnt, er wird euch zum Nachdenken anregen. Wenn er sich dem falschen Schreiber gegenübersah, führte er ihn oft in die Irre und sagte absichtlich etwas Provokatives. Solche Zitate stehen hier neben seinen ernsthafteren Gedanken. Wer sich, selbst nach all den Jahren noch, in der einen oder anderen Passage auf den Arm genommen fühlt, der wird seinen Grund dazu haben. Dieses Buch ist keine Marley-Biographie: es gibt bereits einige ganz hervorragende Biographien, in deren Schuld ich stehe, wie aus der Danksagung hervorgeht. Es soll eher eine Ergänzung zu seinen Platten und all den Büchern darstellen, die schon über ihn geschrieben worden sind. Denn was mit Sicherheit keiner braucht, ist ein Buch, in dem ich die ganze Zeit so tue, als wäre ich in jedem Augenblick von Marleys Leben dabeigewesen. Über das Kapitel »Krankheit« läßt sich vielleicht streiten, aber ich finde, es gehört dazu. Es zeigt Marley, wie er sich der letzten Herausforderung seines bewegten Lebens stellt: seinen Melanomen und seinem bevorstehenden Tod. Ich hoffe, daß etwas von seinem Mut und seinem unbeugsamen

Geist zu spüren ist. Obwohl er seit fast zwanzig Jahren tot ist, erreichen sein Einfluß und seine Musik heute immer noch Menschen auf der ganzen Welt. Was den Reggae angeht, so geht es ihm, nach anfänglichen Orientierungsschwierigkeiten unmittelbar nach Marleys Tod, auch ohne ihn gut. Marley ist natürlich nicht zu ersetzen, aber das stellt für den Reggae kein Problem dar. Zwar wird der Reggae möglicherweise nie wieder einen Songwriter mit einer solchen internationalen Glaubwürdigkeit hervorbringen, aber irgendwie muß er das auch gar nicht. Reggae, Jamaika und die Welt hatten bereits ihren Bob Marley. Einer genügt. Zwei haben zu wollen wäre reine Gier.

Die Anfänge

Angefangen hat es mit … Schreien. Es hat wirklich mit Schreien angefangen. Und dann wurde die Musik ein Teil (meines Lebens), weil ich Jah dankbar war.

1973

Ich bin auf dem Land aufgewachsen, im Wald, dann erst in der Stadt. In einer Gegend, die St. Ann's heißt. Das ist der Gartendistrikt, jedenfalls wird er »garden parish« genannt. Und dann in Kingston, erst in der Barry Street, dann in der Oxford Street, später in der Regent Street und schließlich in Trenchtown. Ich hab von 1958 bis 1961 in Trenchtown gelebt. Danach mal hier, mal da.

1975

(In der Schule) hat der Lehrer gesagt: »Wer schreiben kann, soll schreiben. Wer singen kann, soll singen«. Also hab ich gesungen.

Juni 1975

Ich kann mich nicht mehr erinnern (wie ich angefangen habe), aber ich weiß, daß meine Mutter anfangs die Sängerin in der Familie war. Meine Mutter ist spirituell, wie eine richtige Gospelsängerin. Sie schreibt Lieder. Sie hab ich zuerst singen gehört und dann … Ich liebe Musik einfach. Ich liebe sie und wachse mit ihr.

1975

Ich war ein mageres Kind mit einer piepsigen Stimme.

So was von mager! Ein richtiges Klappergestell!

1978

Meine Mutter (Cedella Booker) hat für fünfzig Shilling die Woche gearbeitet, und von dem bißchen mußte sie das Schulgeld für mich bezahlen und mir Schuhe und was zum Essen kaufen.

1977

Ich hatte irgendwie mitbekommen, daß im Queens (Theater, Kingston) so 'ne Talentshow lief. Also bin ich eines Abends mal da rein und hab was vorgesungen. Ich weiß nicht mehr, was es war, aber ich hab ein Pfund gewonnen. Der Typ dort meinte, ich soll unbedingt mit Singen anfangen. Und das hab ich dann auch getan.

1976

Als Jugendlicher war ich immer mit irgendwas beschäftigt, war nie faul. Ich hab ein Handwerk gelernt, das Schweißen. Die Art von Arbeit stimmt für mich einfach. Es macht mir Spaß, mich mit Teilen abzugeben, und überhaupt *teil*weise zu arbeiten. Es hat mir eigentlich nie was ausgemacht, weil ich es immer nur solange gemacht hab, wie ich lustig war. Wenn ich es satt hatte, habe ich erst gar nicht nach Arbeit gesucht.

Juli 1979

Ich hab in der Schule schon gesungen und hab es immer gern gemacht, aber so richtig ernst genommen hab ich es erst, als ich mit meiner Schweißerlehre angefangen habe. Desmond Dekker hat in der gleichen Werkstatt wie ich gelernt, und wir haben immer gesungen, und er hat Songs geschrieben. Irgendwann hatte Desmond dann mal einen Unfall, ein winzigkleiner Eisensplitter flog ihm ins Auge. Er ist zum Arzt und mußte ein paar Tage zu Hause bleiben. Während er »frei« hatte, hat er bei Beverlys (Plattenfirma) vorbeigeschaut und auch gleich den Song *Honour Your Mother And Father* aufgenommen, was dann ein großer Hit auf Jamaika wurde. Danach sagte er einfach: »Los, Mann!«, und da bin ich auch hin (Beverlys). Ich hab dort Jimmy Cliff getroffen, und so bin ich zum Vorsingen gekommen. Ich hab für Beverlys einen Song aufgenommen. Der hat's zwar nicht sehr weit gebracht, aber es war trotzdem ein guter Song. *Judge Not* war das.

September 1975

Als ich mit dem Singen angefangen hab, konnte ich kein Instrument spielen. Bei uns gibt es immer noch solche Musiker, die ihre Instrumente spielen und bessere Musik machen als wir. Aber die Jungs damals – das war was Neues, was da kam. Ich weiß noch, wie ich damals zum ersten Mal eine Schallplatte gehört habe. Das war zu der Zeit, als die jamaikanische Musik im Kommen war, als jamaikanische Sänger wie Wilfred Edwards, Owen Grey, Jimmy Cliff und Lord Tanamo auf Jamaika gerade vor dem Durchbruch standen. Damals gab's 'ne Menge Typen von der Sorte. Und dann hat es sich geändert. Es gab da Jungs, die, wie ich, einfach zu einem Studio sind und, wenn sie gefragt wurden: »Kannst du spielen?«, natürlich ja gesagt haben. Klar, daß man die Gelegenheit beim Schopf packt! Weil es keine Arbeit gab. Man konnte schon Arbeit kriegen, aber wer will schon für £5 die Woche arbeiten. Zu der Zeit jedenfalls niemand. Musikmachen war angesagt.

1975

Na ja, ich hab das Gitarrespielen nie so richtig ernst genommen, weißt du. Meistens hab ich mir einfach eine Gitarre geschnappt und vor mich hin gespielt, aber ich hab eigentlich nie Aufnahmen gemacht – bis die Musiker, die damals die »richtige« Musik gemacht haben, dermaßen ausgenommen wurden, daß sie nicht mehr gespielt haben. Also gab's wieder keine gute Musik mehr. Und da haben wir angefangen, selbst zu spielen.

1975

Wir haben früher im hintersten Winkel von Trenchtown gesungen und tierisch viel geprobt, bis The Drifters auf der Bildfläche aufgetaucht sind, und mir hat der Gruppengesang so gut gefallen, daß ich mir gedacht hab, jetzt muß ich mir 'ne Band suchen.

September 1975

In der Anfangszeit haben mich The Drifters am stärksten beeinflußt – *Magic Moment*, *Please Stay*, solche Sachen. Als ich das hörte, war mir klar, daß ich eine Band gründen sollte.

Februar 1973

Wir sind also losgezogen, und ich hab ein paar Kids gefunden, die gesungen haben. Dazu dann noch Bunny (Livingston), und schon konnten wir eine Band aufmachen. Dann haben wir uns auf die Suche nach Peter (Tosh) gemacht. Wir haben ihn irgendwo auf der Straße getroffen; ich kannte ihn bis dahin nur vom Sehen. Wir haben ein bißchen zugehört, wie er so auf seiner Gitarre gespielt hat und dazu gesungen hat, und wir waren uns einig: »Ja, der klingt stark.« Also haben wir uns zusammengetan und eine Band aufgemacht, zusammen mit zwei Mädchen und noch einem Jungen namens Junior Braithwaite. Wir sind dann zu Coxsone (CS Dodd, Produzent und Eigentümer des Studio One Plattenlabels) und haben dort *Simmer Down* aufgenommen. Wir haben in dieser Besetzung weitergemacht, bis wir die beiden Mädels irgendwann rausschmeißen mußten. Sie waren gut bei den Aufnahmen, aber wenn sie auf der Bühne standen, haben sie Fehler gemacht ... Aber sonst haben die Schwestern ihre Sache prima gemacht, die konnten richtig hoch singen.

September 1975

Der Name Wailers kommt aus der Bibel. Da gibt's viele Stellen, wo geweint und geklagt wird. Kinder schreien nämlich immer, schreien nach Gerechtigkeit und so.

1974

Wir nennen uns die Wailers, weil wir als erstes geschrien haben.

1972

Wir machten Songs ... von aufsässigen Jungs für aufsässige Jungs. Diese »Rude Boy«-Geschichte, das war ziemlich geile Musik. Bloß hätten sie es nicht »Rude Boy« nennen sollen, sondern Rasta. Aber in der Zeit kannte ich Rasta selbst noch nicht. Du hast gespürt, irgendwas passiert mit dir, und du hast nicht gewußt, ob du total gut oder tierisch schlecht bist. Doch dann ist mir klargeworden: Es ist gut, du bist gut, es ist Rasta!

Juli 1978

Habt ihr in eurer Anfangszeit viele Konzerte gegeben?

Nicht viele, wir sind immer nur an Weihnachten und am Ostermorgen im Carib Theater (einem Kino in Kingston) aufgetreten. Aber wir waren immer Underground, für die waren wir die Rebellen. Schließlich waren wir aus Trenchtown. Deshalb hast du dort zwar was über Byron Lee (»gemäßigter« jamaikanischer Bandleader und Produzent) und den ganzen Gesellschaftskram erfahren, aber wir waren aus Downtown, wir hießen immer nur »die Wailers aus Trenchtown«.

Juli 1979

Magst du Two-Tone?

Einiges davon klingt total gut. Jedesmal, wenn ich es höre, fühle ich mich an ein paar verdammt gute Tage erinnert ... oh Mann, das war die Zeit von The Skatalites – die hatten damals gerade einen Musiker namens Don Drummond neu dabei und noch so 'nen anderen Typen, wenn der auf seinem Tenorsax loslegte ... ich sag dir, da ging die Post ab. Roland Alphonso hieß der. Ein Wahnsinns-Saxophonist! Er spielt heute immer noch, obwohl er mal was hatte, einen halbseitigen Schlaganfall, oder so. Aber der konnte spielen!

September 1980

Meine Leute haben immer in Bars rumgehangen. Da gab's 'ne Jukebox, und die ganze Zeit lief Musik. Ich weiß noch, wir haben da immer tierisch viel Musik gehört. Einmal hab ich hier (in Kingston) eine Show mit Brook Benton und Dinah Washington gesehen. Sie waren wirklich alle da: Nat King Cole, Billy Eckstine. Sogar Frank Sinatra und Sammy Davis waren in einer bestimmten Phase da, und zwar war das, als ich noch in der Oxford Street gewohnt hab. Aber als ich in der Barry Street wohnte, da hab ich eher Sachen wie *Jim Dandy To The Rescue*, *Bony Maronie*, *What Am I Living For*, *Don't Break Your Promise To Me* gehört. Klasse Musik. Wir sind dann in die Regent Street gezogen, und da hörte ich Brook Benton und einiges von einem Typen, der Danny Ray hieß. Aber dann kam die Zeit von Fats Domino und Ricky Nelson und Elvis Presley und wie sie alle hießen. Danach haben wir in der Second Street gewohnt und angefangen, Jazz zu hören. Nur hab ich die Musik nicht verstanden. Nach einer Weile kam ich rein, und ich lernte Joe Higgs und Seeco Patterson kennen, die mir einiges beibrachten. Irgendwann hab ich mal Ganja geraucht, Gras, und da auf einmal hab ich Jazz verstanden. Ich hab versucht, mich in die Stimmung zu versetzen, so von wegen »blue moon« und so, und die Gefühle zu verstehen, die damit ausgedrückt werden.

1975

In dem einen Jahr (1966) hatten wir Hits wie *Put It On*, *Rude Boy*, *Rule Them Rudie*, *I'm Still Waiting*. Und wir haben eigentlich damit gerechnet, etwas Geld zu kriegen, schließlich war Weihnachten. Dann hat uns dieser Typ (Coxsone Dodd) 60 gegeben, und das, wo wir doch so viele Hits gehabt hatten. Daraufhin ließ ich Band erst mal Band sein und bin zu meiner Mutter nach Amerika gezogen. Dort drüben hab ich gemerkt, daß immer noch Musik in mir ist, ich hab gesungen und einige gute Sachen wie zum Beispiel *Bend Down Low* geschrieben. Wir sind zurück nach Jamaika, haben *Bend Down Low* gemacht, und es wurde ein Hit, und sie haben uns wieder übers Ohr gehauen. Wir nehmen mit *Nice Time* den nächsten Song auf, aber der Typ ist der reinste Ausbeuter! Zieht dich aus bis aufs letzte Hemd!

September 1975

Ich wollte nie wieder für irgend jemanden arbeiten. Also haben wir uns von Coxsone (Dodd) getrennt und Wail'n'Soul gegründet (1967). Aber ich hatte vom Geschäftemachen null Ahnung und bin wieder auf die Schnauze gefallen. *Bend Down Low* war auf Jamaika Nummer eins, aber sie haben es schwarz gepreßt und verkauft.

1976

Wir haben wirklich hart darum kämpfen müssen (Wail'n' Soul zu einem Erfolg zu machen). Aber als dann Weihnachten vor der Tür stand und wir unser Geld abholen wollten, da erzählte uns der Typ doch tatsächlich, daß die Plattenpresse kaputt wäre und solche Geschichten.

1976

In der Politik wurde es mir zu heiß, und in der Stadt auch, deshalb bin ich aufs Land und hab Getreide angebaut. Johnny Nash und sein Manager haben mich dort besucht, weil ich eigentlich Songs für sie schreiben sollte. Sie dachten dann allerdings, ich hätte mit der Musik abgeschlossen. Sie haben nicht gewußt, daß ich nur eine Pause gemacht habe.

1976

Freunde und Kollegen

Joe Higgs, Marleys Mentor in der Anfangszeit

Dieser Joe Higgs nämlich, der ist ein wahres Musik-As. Mir scheint allerdings, daß er ein bißchen mehr Zeit für die Liebe haben müßte, er braucht ein bißchen mehr Liebe. Joe ist ein guter Mensch, aber er bräuchte ein bißchen mehr Zeit, um die Dinge für sich auf die Reihe zu kriegen.

September 1975

Joe Higgs hat mir geholfen, diese (Jazz-)Musik zu verstehen. Er hat mir viel beigebracht.

1975

Leslie Kong, jamaikanischer Produzent, der Bob Marleys erste beiden Platten *Judge Not* und *Do You Still Love Me* herausbrachte.

Ich hab Leslie Kong bei Federal kennengelernt. Ich war eigentlich auf der Suche nach einem gewissen Count Boysie, und Desmond Dekker hat mir gesagt, ich soll es mal bei Leslie Kong probieren. Der war vielleicht unverschämt! Sagte mir, ich soll gleich meinen Song singen, auf der Stelle, dabei stand ich noch draußen. Ich hatte noch nicht mal eine Gitarre, dieser verdammte Idiot. So ein Arschloch! Er hat mich dann in einen Raum gebracht, vorbei an einem Chinesen und diesem Typen, Ken Khouri, der das Geld abkassierte und es in so 'ner

Art Brustbeutel verstaute. Nein, Kong mußte für meine Zeit im Studio bezahlen. Ich hab also gesungen. Danach hat mir Kong zwei Zehn-Pfund-Noten in die Hand gedrückt und wollte mich vor die Tür setzen. Als ich zu ihm sagte: »Und wenn das ein Hit wird?«, sagte er: »Da schau her!«, und ich würde wohl gerade versuchen, den Deal platzen zu lassen. Diese elenden Blutsauger! So ein Typ namens Dowling hat mich dann noch was wegen den Veröffentlichungsrechten unterschreiben lassen, dann haben sie mich aus dem Studio geworfen, und ich bin nach Hause gelaufen. Erst hab ich noch auf die Acetatkopien gewartet, dann bin ich nach Hause.

1975

Peter Tosh, Original Wailer

Man soll nie niedergeschlagen sein wegen dem, was einem passiert, egal, was es ist. Ich meine, man sollte sich aus dem, was einem passiert, das Gute rausziehen, nicht das Schlechte. Angenommen, ein Bruder sagt dir, er will keine Musik mehr machen, dann hast du doch ein bißchen Zeit, um mit dem, was sein soll, mit dem, was wohl sein muß, fertig zu werden. Ich glaube, Peter Tosh wollte seine eigenen Abenteuer erleben. Er ist talentiert genug, und vielleicht brauchte er was Besseres als das hier.

Juli 1975

Bunny Wailer, Original Wailer

Bunny war damals (in der Anfangszeit, 1964) wie ein Bruder für mich. Ich habe bei seinem Vater gelebt. Und dann haben wir eine Band gegründet.

September 1975

Junior Braithwaite, Original Wailer

Mann, der konnte singen! Wenn er das Lied *Hurts To Be Alone* gesungen hat … puh, das hatte was! Wir haben ihn neulich in Chicago getroffen. Er schreibt immer noch Musik und so, aber ihm ging's nicht gut.

September 1975

Junior hat immer hoch gesungen. Erst jetzt geht mir langsam auf, daß er wie einer von den Jackson Five geklungen hat.

1974

Aston und Carlton Barrett, Schlagzeuger und Bassist der Wailers

Jeder muß verwurzelt bleiben. So wie Aston und Carlton Barrett. Du kannst nicht zu deinen Wurzeln zurückkehren, du mußt sie selbst sein. Wer als Blatt glaubt, daß er zu seinen Wurzeln zurückkehren kann, der fällt ab und kehrt auf diese Weise zu seinen Wurzeln zurück. Wir selbst müssen die Wurzeln sein.

Mai 1977

Auflösung der Original Wailers, 1973/74

Ich habe wirklich immer hart gearbeitet, aber wenn du Teil einer Gruppe bist, und es kommt zu Spannungen untereinander ... Ich geb das nicht gern zu, aber in der ersten Besetzung der Wailers hatte ich mit Bunny und Peter so meine Probleme. Beispielsweise wollten sie nicht verstehen, daß ich nicht nur für Jamaika Musik machen konnte. So kann ich nicht lernen. Ich lerne am meisten, wenn ich reise und mit anderen Leuten rede. Irgendwie hat mich das beschäftigt, warum ich mich vorher nie so losgelöst gefühlt hatte. Von mir aus konnten sie bei der Band bleiben, ich jedenfalls mußte für eine Weile raus aus Jamaika, wegen dem, was politisch in der Luft lag. Der Einfluß, den die Politiker auf uns haben, ist riesig. Sie kommen sehr gern zu dir und versuchen, dich für ihre Zwecke einzuspannen, und ich gebe niemandem gern einen Korb. Deshalb bin ich aus Jamaika weg.

Juli 1975

Warum wurde eure letzte England-Tournee abgesagt?

Ja … naja, es ist einfach so, daß einige Bandmitglieder die Kälte nicht abkönnen.

Juli 1975

Al Anderson

Warum hast du einen Amerikaner als Leadgitarristen ausgesucht?

Wir stecken Leute nicht in solche Schubladen, so von wegen, wenn du aus Jamaika kommst, hast du eher ein Recht auf irgendwas. Wo du auch bist auf der Erde, du hast überall das gleiche Recht. Mit diesen Paß-Geschichten kann ich nichts anfangen. Für mich hat er bewiesen, daß er kein Außenseiter ist, weil er mit uns Musik machen kann. Dann kann er kein Außenseiter sein.

Juli 1975

Ich habe Al in England kennengelernt, als er dort was mit Overdubgitarre machte. Wir haben uns ein wenig unterhalten und es war einfach nett, verstehst du? Da hab ich ihn gefragt, ob er nicht in unserer Band mitmachen will. Er hat 'ne Weile drüber nachgedacht und ist dann bei uns eingestiegen. Und der ist vielleicht klasse! Ein verdammt guter Mann!

1975

Johnny Nash

Du hast viele Songs für Johnny Nash geschrieben. Was hältst du von ihm?

Er arbeitet hart, aber er konnte mit meiner Musik nichts anfangen. Ich möchte ihn nicht schlechtmachen, aber Reggae ist nicht sein Ding. Wir hatten auf Jamaika schon von Johnny Nash gehört, bevor er selbst hierher kam, aber er war bei uns nicht so beliebt. Wir haben ihn dafür geschätzt, daß er diese Art von Musik machte – er war der erste US-Künstler, der Reggae machte –, aber er war nicht wirklich unser Idol. Das waren eher Otis (Redding) oder James Brown oder (Wilson)

Pickett, also Leute, die mehr in ihrer Musik aufgehen und wie besessen daran arbeiten.

1973

Er ist gut. Ich mag ihn.

1975

Taj Mahal

Wir haben so 'ne Art telepathischen Kontakt aufgebaut. Er hat gesagt, er würde *Slave Driver* machen, also hab ich mich aufgemacht, um ihn zu treffen. Er ist gut, er ist überzeugend, und er hat was Westindisches an sich.

1975

Familie

Weißt du, ich habe da eine Schwester. Mein Vater war auch ihr Vater, aber sie hat eine andere Mutter. Ich weiß schon seit meiner Jugend von ihr, und die ganze Zeit habe ich sie gesucht. Einmal, als ich so in meinen Zwanzigern war, hab ich sie gefunden. Sie hat in einer Reinigung in Kingston gearbeitet. Ich hab mich nur ein paar Minuten mit ihr unterhalten, dann haben wir uns verabschiedet, und ich dachte noch, ich würde sie wiedersehen. Aber als ich ein paar Tage später wieder dorthin bin, war sie weg. Ich hab sie nie wieder gefunden. Es war schmerzlich, sie nicht zu kennen.

August 1978

Ich liebe Jamaika, und ich liebe die Menschen hier, aber ich muß kreuz und quer durch die ganze Welt ziehen. Meine Mutter hat mir gesagt, Gott ist der Vater für die Vaterlosen. Deshalb muß ich dorthin gehen, wo er mich hinschickt. Kein Mensch kann mir sagen, was ich zu tun habe. Ich habe sieben Kinder, und hier würde ich eine Million Lieder schreiben, aber ich könnte meinen Kindern kein Dach über dem Kopf bieten. Ich kann nicht zulassen, daß sie so aufwachsen wie ich. Ich liebe die Brüder, und ich liebe meine Kinder, aber ich kann es mir nicht erlauben, hierzubleiben und ins Gefängnis zu gehen.

August 1974

Platten und Songs

Catch A Fire war unsere Visitenkarte. Niemand wußte, wer Bob Marley & The Wailers waren, und außerdem gab's zu der Zeit vielleicht eine andere Band, für die sich die Leute mehr interessiert haben. Es sollte für die Leute ein Einstieg sein und sie zum Zuhören bringen.

1974

Natty Dread

Das *Natty Dread*-Album bringt den Reggae einen Schritt weiter. Bessere Musik, bessere Texte, es bringt insgesamt ein besseres Gefühl rüber. *Catch A Fire* und *Burnin'* waren ähnlich gut, aber *Natty Dread* ist besser.

1974

So Jah Seh

»So Jah seh, not one of my seed shall sit on the sidewalk and beg bread« [So wahr mir Gott helfe, nicht einer meiner Nachkommen soll am Straßenrand sitzen und um Brot betteln müssen]. Was wir damit wirklich meinen, ist Fortschritt. Die Leute müssen damit anfangen, miteinander zu leben. Ich weiß nicht, wie's mit den Erwachsenen aussieht, aber gerade die Jugend muß sich zusammentun und sich austauschen.

1974

No Woman No Cry

No Woman No Cry liebe ich besonders, weil es mir soviel

bedeutet, es gibt mir soviel. Ich liebe diesen Song!

1974

Rastaman Vibration

Es kommt gut, so. Man kann in der Musik keine Hetze gebrauchen.

Juni 1976

Ein Rasta macht die Musik, also muß es eine *rastaman vibration* sein. Wir nehmen es mit diesen *vibrations* ernst. Wir stecken sie in *jede* unserer Platten, nicht nur in diese.

Juni 1976

Die *rastaman vibrations* werden die ganze Erde überziehen! Wie das Wasser das Meer!

Juni 1976

Das ist jetzt nicht mehr nur Musik, wir haben es mit einer Botschaft zu tun. Im Moment ist die Musik nicht wichtig, sondern die Botschaft. *Rastaman Vibration* geht so ein bißchen in die Dub-Richtung, und da hat uns auch keiner groß reingepfuscht. Wie bei *War* oder *Rat Race* trägt dich die Musik nicht fort, sondern ist mehr zum Hinhören.

Juni 1976

Kaya

Kaya bedeutet Gras. Es ist ein Kennwort, das einige Brüder auf JA benutzen. *Kaya* handelt von Zusammengehörigkeit und Menschlichkeit und Frieden, (weil) diese Sache mit dem Frieden ja jetzt um die ganze Welt geht. Ja, *Rastaman Vibration* und *Exodus* waren härter. Diesmal haben wir es mit etwas Sanfterem zu tun.

Februar 1978

Du mußt du selbst sein und versuchen, die Massen auf deine Seite zu bringen. Als wir zum Beispiel an *Kaya* gearbeitet haben, wußten wir, daß eine Menge Leute sagen würden: »Kaya, blabla …« Aber wir haben es trotzdem gemacht. Jeder muß manchmal ein bißchen Druck aushalten.

September 1980

Wenn ich versucht hätte, was Heftigeres als *Kaya* zu machen, hätten sie vielleicht versucht, mich umzubringen, weil ich zu hart rübergekommen wäre. Ich muß selbst wissen, was ich mit meinem Leben mache, weil es das einzige ist, was ich habe, und niemand kann von mir verlangen, es aufs Spiel zu setzen, verstehst du? Leute, die nichts damit zu tun haben, haben keine Ahnung davon. Es ist meine Arbeit und ich kenne sie in- und auswendig. Ich weiß, wann alles in Ordnung ist, und ich weiß, wann ich Angst habe, kapiert?!

September 1979

Viele Leute haben sich am Anfang mit der unverhüllten Wut in der Musik der Wailers identifiziert. Manche behaupten jetzt, ihr seid ziemlich ruhig geworden.

Quatsch, Mann! Vielleicht sieht es für Außenstehende ruhig aus, aber da, wo ich herkomme, herrscht mehr Gewalttätigkeit als je zuvor. Unsere Musik ist dazu da, sich mit den Bedingungen, aus denen wir kommen, auseinanderzusetzen.

September 1980

Punky Reggae Party

Irgendwo sehe ich die Sicherheitsnadeln und diese ganzen Sachen ganz gerne. Ich selber würde mir so was nie antun, aber ich finde es gut, wenn ein Mensch Schmerz erleiden kann, ohne zu weinen.

Juli 1977

Redemption Song

Der Song fühlt sich gut an. Es ist schon lange her (daß wir mal so einen Song gemacht haben). Wir haben früher einmal nur solche Sachen gemacht, ich nenne sie »lyrical spirikle«, mit Gitarre, Schlagzeug und Gesang, so eine Art Folk Song Spiritual. *Redemption Song* ist ausdrucksstark. Er zeigt eine wirkliche Situation, die für *I and I* natürlich ist.

August 1980

Dieser Song sagt etwas aus. Ich würde gern mehr in der

Richtung machen. Wie war noch mal die Zeile in *Redemption Song*, in der es um Atomenergie ging? »Have no fear for atomic energy/cause none a them can stop the time« [Habt keine Angst vor der Atomenergie/keiner von denen kann die Zeit aufhalten]. Zeit ist das, wo wir sind, was wir haben. Und niemand kann die Zeit aufhalten. Deshalb sage ich »have no fear for atomic energy« zu denen, die die Angst unter den Menschen verbreiten, daß alles zerstört werden wird. Die sagen, diese Atomgeschichte kann das bewirken, aber ich sage »have no fear«, weil der Mensch die Hoffnung hat. Niemand kann die Zeit aufhalten, und du mußt in der Zeit leben. Deshalb ist Zeit wichtig.

September 1980

Burnin' and Lootin'

Dieser Song handelt vom Plündern und Verbrennen von Illusionen. Den Illusionen der Kapitalisten und der Leute mit dem fetten Bankkonto.

März 1976

Trenchtown Rock

Ich hab einen Song geschrieben, der *Trenchtown Rock* heißt. »One good t'ing about music, when it hits you feel no pain« [Eine gute Sache an Musik ist, daß du keinen Schmerz fühlst, wenn sie dich trifft]. Du kannst in der Musik über eine Erfahrung sprechen, und nach einer Weile wird es zu einer guten Sache, daß du das Ganze durchmachen mußtest. Musik kann das auf eine Art ausdrücken wie nichts anderes sonst.

August 1980

Them Belly Full

Der Bauch ist voll, aber wir hungern nach der Liebe unserer Brüder. Vielleicht hast du Essen im Bauch, aber zum Leben gehört mehr, als sich den Bauch zu füllen. Wo ist die Liebe deines Bruders?

März 1976

I Shot The Sheriff

Ich wollte eigentlich sagen »I shot the police«, aber dann hätte die Regierung einen Aufstand gemacht. Deshalb habe ich statt dessen »I shot the sheriff« gesagt ... aber die Idee ist die gleiche: Gerechtigkeit.

April 1974

Ja, jemand hat mir erzählt, daß Clapton die Platte macht und daß sie toll klingt. Und er hat es wirklich richtig gemacht. Wir hatten ja unsere eigene (Version) probiert, aber es konnte kein Hit werden, weil zu der Zeit die Klasse gefehlt hat. Aber wenn jemand einen Song neu aufnimmt, dann kann er hören, was du gemacht hast, und versuchen, es zu verbessern. Kann sein, daß er es dann besser macht als der, der als erster dran ist.

1974

Die Botschaft ist so eine Art diplomatische Aussage. Du mußt dir das irgendwie zusammenbasteln, um was es geht. *I Shot The Sheriff* heißt soviel wie »Ich erschoß das Böse«. Es geht nicht wirklich um einen Sheriff, es geht um das, was das Böse ausmacht. Das Grundthema des Songs ist, daß ständig irgendwelche Leute über dich urteilen, und irgendwann hältst du es nicht mehr aus und gehst in die Luft, du explodierst einfach.

Juli 1975

Clapton hat mich nach dem Song gefragt, denn als er ihn fertig hatte, hat er immer noch nicht gewußt, was er bedeuten soll. Ihm hat die Musik gefallen und die Melodie, und da hat er *I Shot The Sheriff* gemacht. Ich weiß nicht, ob (er es deswegen getan hat), weil Elton John singt: »Don't shoot me, I'm only the piano player« [Erschießt mich nicht, ich bin bloß der Pianist] und Bob Dylan: »Take the badge off me, I can't shoot them anymore« [Nimm mir den Sheriffstern ab, ich kann keinen mehr erschießen], und unser Mann hier sagt eben: »I shot the sheriff«. Dieser

Song paßt zu niemandem so gut wie zu Eric Clapton, gleich neben Elton John und Bob Dylan.

Juli 1975

Get Up, Stand Up

Dieser Song sagt, daß der Mensch leben kann.

1975

Wie lange noch muß ich für das gleiche protestieren? Ich singe *Get Up, Stand Up* und bis heute sind die Menschen nicht für ihre Rechte aufgestanden. Muß ich deswegen immer noch *Get Up, Stand Up* singen? Ich werde nicht immer wieder den gleichen Song singen ... Ich will kein Gefangener sein. Ich will nicht die Menschen leiden sehen und dann so singen, als ob ich froh wäre, sie leiden zu sehen, und damit noch Geld machen. Ich will, daß sie aus dem vollen schöpfen und sagen können: Wir haben genug.

April 1978

Smile Jamaica

Ich meinte damit: »Lächelt, ihr seid in Jamaika«. Ich habe nicht gesagt: »Lächelt, ihr Jamaikaner, seid richtige Jamaikaner«. So was ist nicht mein Ding, das ist doch eine einzige, große Scheiße!

April 1977

Uprising

Der Hurrikan (1980 in Jamaika)? Ich glaube, der hatte was Gutes an sich. Wir haben mit Sicherheit Glück gehabt, aber der Hurrikan sollte den Jamaikanern zeigen, daß Gott Gott ist; und trotzdem machen sie so weiter, als ob sie nicht an ihn glauben. Darum habe ich in *We And Them Uprising* geschrieben: »It seems like total destruction is the only solution« [Es scheint, als ob die völlige Zerstörung die einzige Lösung ist]. Was soviel heißt wie, es scheint, als ob völlige Zerstörung immer noch genau das ist, was diese Leute wollen.

September 1980

Bad Card

Jemand hat mich aus Jamaika angerufen und mir erzählt, daß die eine Partei *Bad Card* benutzt. Musik bleibt Musik. Sie heilt die Wunden.

August 1980

Could You Be Loved

Hat dich bei diesem Song die Discomusik beeinflußt?

Ja. Ich schreibe gerade an einem Song, der *Slogans* heißt (bekannt unter dem Titel *Can't Take Your Slogans No More*), und der ist *roots*. Er kommt direkt von den Wurzeln. Weißt du, die Leute schätzen die Vielfalt. Wie zum Beispiel der Mann, der sich als Kind schon immer eine Krawatte gewünscht hat. Damals dachte er, wenn er groß ist, kann er sich Krawatten leisten und dann wird er sich alle möglichen Krawatten kaufen! So ist das auch in der Musik: Wenn ich nach Amerika gehe, dann kriege ich natürlich diese Art von Musik mit, sie liegt dort praktisch in der Luft. Wenn ich dann meine Gitarre nehme, habe ich die Wahl. Ich kann versuchen, diese Musik zu spielen, denn sie hat ihre eigenen Wurzeln. Du kannst was Neues ausprobieren, oder mit dem anderen weitermachen und versuchen, dort tiefer zu gehen.

August 1980

Exodus

Klingt das Lied irgendwie anders, weil ihr es in England aufgenommen habt?

Nein. Wir sind doch alle mit drauf, alle sieben, oder? Und es ist *roots*-Musik, das bedeutet, wenn einer von uns zu verspielt wird, zu sehr abhebt, dann sagen alle anderen: »Hey, das ist zu abgedreht!« Ich meine, er zum Beispiel (Gitarrist Junior Marvin) wird manchmal zu psychedelisch, und die von Islands mögen so was nicht, die mögen keine abgedrehten Typen.

Mai 1977

Ich würde nicht sagen, daß ich manchmal die Schnauze

voll habe. Wenn was nicht so richtig klappt, dann hat man nicht wirklich die Schnauze voll, man bleibt dran, versucht es weiter. Ich werde es nie satt haben. Ich liebe die Musik.

August 1980

Marleys Musik ist immer Marleys Musik. Ich habe meinen Sound nie geändert. Ein Mensch macht seine Musik entsprechend seinem Gefühl.

Dezember 1979

Ich sage nur: positive Vibrations! Das steckt dahinter. Das macht Reggae aus. Du kannst nicht wegschauen, denn es ist echt. Du hörst mir zu, wenn ich singe, weil ich das, was ich singe, auch so meine, da gibt's kein Geheimnis, keinen großen Zauber. Nur Ehrlichkeit, sonst nichts.

1977

Reggae

Ist es Ziel deiner Musik, die Weißen zum Zuhören zu bringen, oder ist es im Grunde eine Musik von Schwarzen für Schwarze?

Reggae allein kann nichts bewirken. Gott sagt: Solange die Menschen noch der Philosophie anhängen, daß eine Rasse einer anderen überlegen ist, solange werden wir keinen Frieden haben.

Juni 1976

Wenn du Musik machst oder Musik hörst und nicht weißt, warum du spielst oder zuhörst, außer für Geld und zum Vergnügen, dann hast du möglicherweise ein schwerwiegendes Problem. Reggae sagt etwas aus. Aber er kann nur dann etwas bedeuten, wenn er denen, die ihn spielen, *und* denen, die zuhören, etwas bedeutet.

Juni 1976

Wie ist das tatsächliche Verhältnis zwischen dir und den anderen jamaikanischen Musikern, wie zum Beispiel Toots und Jimmy Cliff? Habt ihr das Gefühl, daß ihr alle Teil einer Bewegung seid?

Ich weiß es nicht. Man sieht sich zwar ab und zu, aber wir besuchen uns nicht gegenseitig. Jeder von uns arbeitet hart, hat viel zu tun. Du mußt die ganze Zeit Neues schaffen. Aber wir sind gute Brüder.

Juni 1976

Neulich hab ich Taj Mahal getroffen, und er hat mir gesagt: »Mensch, die Musik, die du da machst, die spielen sie jetzt sogar schon in Äthiopien.« Da kannst du mal sehen, was für eine Art von Musik das ist: dies ist Reggae, die Musik des Königs.

September 1974

Big Youth? Also, ich persönlich stehe auf Big Youth, ich mag ihn und die Sachen, die er macht. Ich mag auch die Toots (& the Maytals) und The Heptones. Eigentlich die meisten der Brüder, die es wirklich versuchen. Einige geben sich Mühe, andere nicht. Ich höre auch jede Menge schlechten Reggae. Manche von denen, die Reggae machen, die gehen nicht drin auf. Sie werden nicht wirklich besser, die spielen etwas nach, was sie gehört haben. Diese Art von Reggae tritt auf der Stelle.

Juni 1976

Du mußt versuchen, die Typen zu erkennen, die bloß oberflächlich Reggae spielen, so *skanap, skanap, skanap*. Das ist nicht Reggae, wie ich ihn verstehe. Mein Reggae geht eher *unncha, cha unncha cha* ... er kommt mehr aus dem Bauch, von den Wurzeln.

Juni 1976

Für mich kann man Reggae nicht mit so was wie dem Twist vergleichen. Für mich ist Reggae in erster Linie Musik. Wenn die Leute von »Reggae« sprechen, erwarten sie eine bestimmte Art von Musik. Was mich betrifft, so habe ich der Musik nie einen Namen gegeben. Wenn du sie einmal in eine Schublade gesteckt und sie »Reggae« getauft hast, dann hörst du zu und glaubst vielleicht, du hörst eine einzige Sache. Aber die Musik ist so weitreichend, für sie gibt es keine Grenzen.

Juli 1975

Mann, diese Musik ist keine Eintagsmusik. Sie muß echt sein.

Juli 1975

Die Musik (Reggae) ist wie die Nachrichten. Die Musik beeinflußt die Menschen, sie tut alles für sie. Die Musik sagt den Menschen auf Jamaika, was sie zu tun haben.

September 1980

Es ist mir egal, was die Leute mit meiner Musik anstellen. Jedesmal wenn ich spiele, werde ich neu inspiriert. Das ist dann wirklich neu, und niemand kann den Song, den du gerade schreibst, hören, bis er auf Platte rauskommt. Deshalb können die Leute soviel Kapital aus dem Reggae schlagen, wie sie wollen. Wir können auch eine andere Musik machen als die, die wir jetzt machen. Wenn also jemand versucht, uns nachzukommen, können wir weggehen und uns wieder verändern, das haben wir die ganzen Jahre über sowieso schon getan. Jedesmal wenn wir was Neues machen und sie kommen uns nach, ändern wir uns einfach, so wie es mit dem Ska, dem Rocksteady, dem Reggae war. Wenn zu viele kommen und behaupten, sie spielen Reggae, dann gehen wir zurück zur Nyahbingi-Musik, der Ursprungsmusik. »Nyahbingi« bedeutet »Tod den schwarzen und weißen Unterdrückern«. Diese Art von Musik kommt direkt vom Herzen. Du hörst sie jedesmal wenn du die Trommeln hörst, manchmal sanft, manchmal beängstigend, und mit der Zeit lernst du sie zu verstehen. Als ich das Rastatrommeln zum ersten Mal gehört hab, da dachte ich, es würde was Fürchterliches mit mir anstellen, weil es so fremd war. Und doch war es mir so nah. Und dann lernt man es zu verstehen, und es erscheint einem ganz natürlich.

Juli 1975

Ich bin natürlich kein toller Sänger. Da gibt's einen ganzen Haufen anderer Sänger aus Jamaika, die besser sind als ich.

August 1980

Momentan ist deine Lieblingsband Burning Spear. Glaubst du, sie haben von dir abgeschrieben?

Na ja, abschreiben würde ich nicht gerade sagen, aber es

klingt schon so, als ob er gut zugehört hat!

August 1975

Reggae ist eine Musik, in der eine Menge Kampf steckt. Aber nur die Musik sollte kämpfen, nicht die Menschen.

1977

Reggae muß nicht unbedingt politisch sein oder voller Wut. Er kann von allem möglichen handeln. Die meisten Dinge sind es wert, daß man Musik darüber macht.

1977

Stammt Reggae von den Rastafaris?

Ja, genau! Daher kommt der Reggae.

1975

»Reggae« kommt mehr oder weniger von einem spanischen, eigentlich lateinischen Wort und heißt »Musik des Königs«.

Mai 1977

In dieser Musik kriegst du gleich drei Dinge auf einmal: einen fröhlichen Rhythmus mit einem traurigen Sound und guten Vibrations ... es ist *roots*-Musik.

Juni 1975

(Reggae) ist das, was man internationale Musik nennt, »runde« Musik. Man kann jede Art von Musik in den Reggae reinholen. Aber es ist dann der Rhythmus, der den Reggae ausmacht. Ein richtig stolzer Rhythmus, dieser Rhythmus kann nie enden. Er hat was Besonderes an sich. Es ist der Rhythmus der Erde, ist *roots*. Deshalb spürt man, daß er nie aufhören kann. Es scheint, als ob er schon immer dagewesen ist, seit dem Anfang aller Zeit, seit der Erschaffung der Welt.

Juni 1975

Heiliger Reggae entsteht, wenn du dich mit der Wirklichkeit befaßt. Dann bekommst du mehr Musik, mehr von allem. Du fühlst den Boden, die Erde. Du fühlst es, und das ist anders, als nur daran zu denken.

Juni 1975

Reggae ist eine *raasclaat* Musik, bei der du stolz sein mußt, bei der du wissen mußt, was Schöpfung bedeutet. Du hast also dieses bestimmte Gefühl, du läßt alles hinter dir, du greifst nach einer Wasserpfeife ... Du möchtest jetzt ganz bestimmt keine Rockmusik hören, weil du das jetzt gar nicht kannst. Weil zu Rockmusik Neonlicht gehört, eine ganze Menge Licht. Aber mit einem guten Reggae kannst du überall sein, auch in den steinreichen Hügeln.

Juni 1975

Kein Tanz sieht so schön aus wie der Reggaetanz! Du kannst die ganze Nacht durchtanzen, der hält dich in Stimmung. Du liebst dich selbst, wenn du auf Reggae tanzt. Du bist stolz auf dich, hast das Gefühl, du bist neu geboren. Die Musik gibt dir das Gefühl, du wirst getauft. Musik ist was Fantastisches. Musik kann dich an Orte bringen, wo du noch nie warst. Bis nach Zion.

Juni 1975

Man hat den Reggae-Musikern immer wieder vorgeworfen, sie würden die jamaikanische Kultur verkaufen.

Darum geht's nicht. Wenn Gott mir nicht ein Lied zu singen gegeben hätte, dann hätte ich kein Lied zu singen. Du kannst Kultur gar nicht verkaufen.

Juni 1976

Warum hört man im jamaikanischen Radio keinen Reggae?

Weil die Musik die tatsächliche Situation auf Jamaika widerspiegelt. Manche Leute wollen die Wahrheit nicht hören. Radio ist wichtig, aber wenn ein Song rausgekommen ist und man hört ihn nicht im Radio, dann ist das die beste Werbung – daß der Song verboten ist. Wenn ein Song verboten ist, will ihn jeder hören.

Juni 1976

Reggae wird einen wirklichen Kampf zu bestreiten haben, es hat schon angefangen. Er ist Dritte-Welt-Musik. Und Verständnis kommt nicht über Nacht, sondern nach und nach. Es wächst einfach.

März 1976

Du darfst nicht hetzen, wenn du Reggae spielst, und einen Haufen Geld damit machen wollen. Wenn du willst, kannst du einen Haufen Geld machen, wie zum Beispiel Johnny Nash, aber die Kreativität leidet darunter. Du mußt dich selbst fragen: Ich könnte ja auch andere Arten von Musik machen, warum mache ich also ausgerechnet diese? Ich spiele Reggae, weil ich das Gefühl darin liebe und die Ausdrucksfähigkeit, nicht das Geld.

1975

Musik

Das Lied kommt von Gott, und zwar immer.

Juni 1976

Reggae, Soul, Rock – jeder Song ist ein Zeichen.

Juni 1976

Soul, Jazz, Reggae, Calypso, Blues – ich mag jede Menge gute Musik. Jazz ist eine »runde« Musik. Musik mit Gefühl. Ich mag nichts, ob Musik oder sonst was, das sich mit den falschen Dingen im Leben befaßt, ich will mich nur mit der Wahrheit abgeben.

Juni 1976

Wie ich Gitarrespielen gelernt hab? Ich hab's mir selbst beigebracht. Ein guter Gitarrist, der hat immer ein paar beeindruckende Dinger drauf, aber wenn er dich beim Zugucken erwischt, ist die Show vorbei. Er ist wie ein Spieler, der seine guten Karten verdeckt. Er will nicht, daß du so schnell dahinterkommst.

Februar 1976

Amerika, das ist die reinste Teufelei, was da abläuft. Die gehen nur mit Gewalt und Brutalität vor. Sie lassen den Punk nicht zu, weil sie merken, daß sich da was tut … Und dann bringen sie einen anderen Mann ins Spiel, der die Jugend verblenden soll, und den nennen sie – John Travolta!

März 1979

Ich höre mir fast jeden an, aber ich kann mir Namen so schlecht merken. Mir gefallen Stevie Wonder, Curtis Mayfield, Marvin Gaye ...

März 1978

Ich habe mir das Gitarrespielen selbst beigebracht. Ich mag Gitarristen wie Ernest Ranglin.

Juni 1975

Ich habe früher viel über Bob Dylan gehört. Sag dazu, was du willst ... wenn du im Ghetto aufwächst, hast du kein Geld, um dir schnell mal 'ne Platte kaufen zu gehen. Wenn man mal Geld hat, kauft man sich was zum Essen. Deshalb hab ich übers Radio von Dylans Musik erfahren. Oder ich bin vielleicht zu jemandem nach Hause, und der hatte Bob Dylan da und hat dann was von ihm aufgelegt. Aber ich hab mir Bob Dylan nie ernsthaft angehört, bis ich neulich mal angefangen hab, wirklich zuzuhören. Ich kenne nämlich ein paar Leute, die Musik lieben und die richtige Musikfreaks sind. So einer hat mich zu sich eingeladen und gesagt: »Komm vorbei, du mußt dir unbedingt mal ein paar Sachen anhören.« Wir haben super Gras geraucht, ein super Essen gegessen, und dann haben wir ein bißchen Musik gehört, denn dieser Typ hatte Sachen da ... Richie Havens und solche Leute. (...) Bob Dylan? Der sagt es wirklich deutlich.

Januar 1976

In der Musik kann alles passieren, wir experimentieren ständig rum. Es ist nie klug, sich auf irgendwas zu beschränken. Die Leute meinen, ich müßte dieses Jahr das gleiche machen wie letztes Jahr! Vielleicht gefällt es diesen Leuten nicht, aber anderen Leuten wird es gefallen. Man darf nicht stehenbleiben.

April 1974

Wie findest du »Master Blaster«, Stevie Wonders Song über dich?

Ich finde ihn toll, er gefällt mir total gut. Stevie ist der Größte. Er hat mir nicht gesagt, daß er so was vorhatte, aber jemand, der mit im Studio war, hat mich dann angerufen und mir davon erzählt.

Bist du denn nicht selbst der Master Blaster?

Doch, klar, »Mastah Blastah« … das klingt irgendwie gut.

September 1980

Stehst du auf Punk?

Paß mal auf, die Punks lieben Reggae, und manche von denen sagen Dinge, die Babylon nicht gefallen. Ich hab zuerst gedacht, sie wären die Schlechtigkeit in Person, aber heute gebe ich ihnen tausendprozentig recht. Sie widersetzen sich der Gesellschaft und sagen: »Ich bin ein Punk, weil ich nicht will, daß ihr mich wo reindrängt, wo es mir nicht gefällt.« Sie glauben nicht, daß wir weniger wert sind, wie die ganzen anderen Weißen, die sich den Schwarzen unterlegen fühlen und deshalb versuchen, sie umzubringen. Die Punks sagen dazu: »Nein! Wir wollen uns mit den Rastas zusammentun und was vom Leben haben.«

Juli 1977

Klingt Reggae von Weißen für dich wie richtiger Reggae?

Ich habe mal *Police And Thieves* gehört, weißt du, von … The Clash. Und ich habe mir auch ein paar andere Sachen angehört. Manches gefällt mir, und manches … es kommt aufs Gefühl drauf an. Reggae ist ein bestimmtes Gefühl, aber dieses Gefühl ist nicht erst durch den Reggae auf die Welt gekommen. Dieses Gefühl ist immer da, es ist in den Menschen, egal, ob schwarz oder weiß. Sogar in normalen Leuten, die mit Musikmachen überhaupt nichts am Hut haben. Wenn sie etwas vor sich hin summen, dann summen sie Reggae, ohne daß sie es wissen. Es ist das gleiche Gefühl, aus dem auch der ganze Blues und Folk stammt.

September 1980

Einmal hab ich was von The Police gehört, und das hat mir eigentlich gut gefallen. Es kommt zwar nicht aus Jamaika, aber es klingt trotzdem gut.

September 1980

Ich habe mal einen Song von den Beatles gesungen. 'Ne Coverversion von *And I Love Her.* »I give ya all my love, that's all I dooo.« Wir haben uns nämlich mal getroffen, uns die Hand gegeben, und alle fanden das prima. Die Jungs sind wirklich nett. Es war klasse, sich mit ihnen zu treffen und ein bißchen mit ihnen zu quatschen. Sie sind Brüder. Jah liebt einfach das Echte. Und diese Jungs sind *roots.* Die Jungs sind einfach schwer in Ordnung. Die haben dort zwar so was wie einen König und eine Königin, aber die Jungs sind einfach echt.

Oktober 1975

Das Schöne an der Musik ist, daß sie nie perfekt ist. Wie also gehe ich an sie ran, um das Beste aus ihr rauszuholen? Irgendwas geht immer schief, und dann setze ich mich wieder von neuem dran. Es wird für mich erst dann so richtig interessant, wenn ich an der Musik arbeite und mich weiterentwikkeln und neue Gefühle entdecken kann.

August 1980

Du kannst dir das vielleicht schwer vorstellen, aber es ist wirklich so, daß Musiker wegen Musik durchdrehen. Bei mir zu Hause in Jamaika, da hat vielleicht einer eine Gitarre, und sie fällt ihm auf einen Stein, und der Mann rastet aus, weil er sich lange Zeit keine neue kaufen kann. Ein anderer Musiker zermartert sich sein Hirn, um eine bestimmte Phrase zu finden, und er kommt einfach nicht drauf, und das macht ihn wahnsinnig. Musik ist eine empfindliche Sache, weil es soviel Inspiration dafür braucht, du mußt zu jeder Zeit voll da sein. Mir ist das auch schon so gegangen.

August 1980

Manche Arten von Musik lassen sich nicht in Klassen oder Gruppen zwängen. Musik ist frei und ohne Vorurteile. Der Musik sind solche Dinge nicht wichtig … Musik will einfach nur sein. Du mußt nur dafür sorgen, daß es harmonisch ist. Denn wenn's nicht stimmt, dann ärgert sich Musik. Und wenn Musik sich ärgert, dann klingt sie nicht gut. Das heißt, wenn die Gitarre nicht richtig gestimmt ist, sind *alle* zu tief! Es klingt seltsam, lächerlich, einfach unangenehm. Wenn aber die Melodie so richtig *klingt* – das muß doch sehr schön sein. Aber wenn etwas nicht stimmt, kriegt das jeder mit.

Juni 1975

Du kannst Musik nicht an ihrer Beliebtheit messen. Da gibt's Leute, die machen total gute Musik und gehen noch nicht einmal ins Studio.

Juni 1975

Politik

Hast du je näher mit Politik oder Politikern zu tun gehabt?

Mann, die versuchen's doch mit allen Mitteln ... Das Problem bei der Sache ist einfach, daß mir die Art von Politik nicht gefällt, die gerade läuft. Sie wollen den Menschen, die sie nicht wählen, die Jobs wegnehmen.

September 1975

Ist es zu persönlich, wenn ich dich frage, wem du bei der Wahl (1980) den Vorrang geben würdest?

Niemandem. Ich gebe mir selbst den Vorrang, einem Rasta, verstehst du? Nur Rasta. Die Leute brauchen niemand anders. Das ist alles unser Gebiet. Hier kommt jemand wie ich, der sagt: »Geht nicht wählen!« Rastas wählen nicht.

September 1980

Das einzige, was in der Politik auf Jamaika passiert, ist, daß viele Jugendliche – Jugendliche, die noch nicht mal wählen – sterben. Den Politikern ist das egal; ich meine, vielleicht bist du mal krank und willst zum Arzt, aber da scheren die sich nicht drum, die wollen nur, daß du sie wählst. Deshalb verteidige ich Politik nicht.

September 1980

Politik interessiert mich nicht. Die ist das Geschäft des Teufels. Die behaupten, sie bringen Jamaika in drei Monaten wieder in Ordnung. Nicht alle werden was vom Kuchen abkriegen, und trotzdem behaupten sie, daß sie Jamaika in drei Monaten in Ordnung bringen – die lügen alle. Sie spielen mit dem Verstand der Menschen. Man soll nie mit dem Verstand der Menschen spielen.

Februar 1976

Ehrlich gesagt spreche ich nicht gern über Jamaika. Ich kann Gutes über die Menschen sagen, aber die Leute, die das Land regieren … Ich möchte lieber nichts dazu sagen, sonst klagen sie mich vielleicht noch wegen Verrat an, wenn ich zurückgehe.

Juli 1973

Wir versuchen zwar, die Dinge etwas erträglicher zu machen, aber die Politik verliert nichts von ihrer Schärfe. Es gibt da zwei Parteien, die sich bekämpfen, und wir haben nichts zu melden, wir bleiben auf der Strecke, weil diese Typen immer nur kämpfen und behaupten, sie hätten das Sagen. Viele Leute (in Jamaika) schlagen sich um die Jobs, und du kriegst nur einen, wenn du für die eine oder die andere Seite bist, sonst leidest du nur, du leidest und sie tun dir was Schlimmes an. Stell dir vor, die zünden dort Häuser an, in denen noch Menschen sind, in denen Babys sind, und das mitten in Jamaika. Ich versteh das nicht, echt, so was kann ich beim besten Willen nicht verstehen! Und ich weiß, daß die Politiker das anrichten; es sind die Jugendlichen, die die Häuser in Brand stecken, aber es geschieht durch den Einfluß der Politiker. Da kannst du mal sehen, wie scheußlich Politik ist. Man kann nicht einfach Häuser anzünden und Babys verbrennen: das macht sich wirklich nicht gut. Politik ist widerlich.

Juni 1976

Haben dich die Politiker zur Kenntnis genommen?

Ja, klar … die mögen mich nicht, weil ich gegen das System bin und das auch sage.

Aber manche von ihnen sagen auch: »Bist ein netter Kerl, Bob!«, für die bin ich so was wie Aluminium (Jamaikas wichtigster Exportartikel), ich soll ihnen ein bißchen Geld einbringen. Aber das interessiert mich nicht. Mich interessiert, was mit den Menschen ist. Ich würde wirklich gern mal die Straße langgehen und jeder lächelt mich an, anstatt zu leiden. Die Jungs leiden soviel, die haben keine Zeit zum Lächeln. Die Politiker sind schuld daran.

Juni 1976

Du warst fast das ganze Jahr weg aus Jamaika. Vermißt du es?

Nein, es macht mir nicht so viel aus. Ich bin jetzt zwar schon sehr lange von zu Hause weg, aber es ist am besten so, gerade wenn du diese Wahlergebnisse hörst, dann bleibst du am besten weg, weil es schlimm wird, wenn die anderen wieder Boden gutmachen wollen. Aber der Hurrikan (1980) hat die Gewalt ein wenig weggeblasen. Vielleicht sagen sie ja jetzt, es war ein politischer Hurrikan.

September 1980

Was den politischen Druck angeht, ist es in Jamaika schlimmer als je zuvor. Jeden Tag sterben dort viele Menschen. Einige von ihnen hab ich gekannt. Die Leute sehen nicht, wohin das alles führt, und daß sie eine Alternative haben, nämlich Rasta. Die Leute werden gegen Rasta aufgehetzt, weil Rasta die einzige Rettung ist, und so was bekämpft man eben. Aber Rasta beteiligt sich nicht an diesem Kampf. Wir machen dort unten keine Revolution. Wenn zwei Menschen kämpfen, ist das schon Wahnsinn. Doppeltes Unrecht. Die Menschen auf Jamaika haben Gewehre. Wo kriegen die Menschen bloß die Gewehre her? Antwort: Die Regierung gibt sie ihnen. Zur Zeit ist es am Explodieren. Irgendwas Schlimmes wird passieren. Der eine

(Grund für die Unruhen) ist ein amerikanischer, der andere ein russischer.

August 1980

Ich verteidige Haile Selassie, aber momentan mögen sie es in Äthiopien überhaupt nicht, wenn man von ihm spricht. Die Regierung dort mag Rasta auch nicht, weil sie gerade so ein Propaganda-Ding drehen, um das Land auf eine russische Schiene zu bringen. Deshalb sage ich, es ist okay hinzufahren, aber ich habe nicht das Gefühl, daß momentan dort die nötige Kraft zu finden ist. Nicht, bevor sich bei der Regierung etwas ändert und die Menschen wieder das Volk werden.

1980

Vielleicht gefällt der Regierung manchmal deshalb nicht, was wir zu sagen haben, weil es zu deutlich ist.

Juni 1975

Was hältst du vom SALT-II-Abkommen?

Laßt sie doch in ihrem verdammten SALT selbst umkommen!

1978

Ich liebe nur eine Regierung, und das ist die von Rastafari.

Juni 1976

Kampf

Was wir (Schwarzen) wirklich wollen, ist das Recht, recht zu haben, und das Recht, im Unrecht zu sein.

Juni 1976

Meine Musik bekämpft das System, das uns beibringt, zu leben und zu sterben.

Juni 1976

Von diesen Typen dort (zeigt auf einige in einem Comicstrip abgebildete Angehörige des Establishments) glauben die Schwarzen, daß sie ihnen die Macht geben können. Aber du darfst dir von denen nicht sagen lassen, wo's langgeht. Diese Typen holen immer nur für sich selbst das Beste raus, die werden sich nicht ändern. Wir machen sie ständig selbst zu unserem Problem. Dabei existieren sie gar nicht, wenn man es nicht will. Man muß sich um die jungen Leute kümmern.

September 1975

Trenchtown ist überall. Wenn du aus Trenchtown kommst, hast du null Chance. Das ist eine Tatsache.

Februar 1976

Weißt du, warum ich die jamaikanische Gesellschaft nicht mag? Weil es verrückt ist, wie die sich bekämpfen. Bei dem Blutvergießen dort kriegt man's dermaßen mit der Angst zu tun …

Februar 1976

Einmal mußte ich in den Knast, weil ich ohne Führerschein gefahren bin!

Februar 1976

Ich mußte einmal in Jamaika in den Knast und einmal in England. In Jamaika haben sie mich in den Knast gesteckt, weil ich Auto gefahren bin, und einer, der mit im Auto saß, war ... nein, es war anders, ein anderer ist gefahren, und zwar ohne Führerschein, und als die Polizei uns angehalten hat, hat er ihnen erzählt, daß ich ihm das Fahren beibringe. Deshalb haben sie mir eine Lektion beigebracht – Regeln befolgt, Regeln verletzt. In England war es so, daß da ein paar Typen, die Gras rauchten, behauptet haben, irgend jemand würde Gras nach England bringen, und deshalb haben die uns mal einen Besuch abgestattet. Dabei haben sie einen gefunden, der das Zeug verkauft hat. Sie haben ihn sich gekrallt und uns erzählt, daß wir für das Haus verantwortlich wären. Mich haben sie dann auch mitgenommen. Aber es war nichts Großartiges. Ich war im Knast, und nach zwei, drei Stunden haben sie mich gehen lassen. In Jamaika war ich sechs Stunden im Knast, oder sogar weniger. Ich bin vor Gericht, und die haben gesagt: »In Ordnung, du kannst gehen.«

1975

Viele Menschen müssen sterben. Frag mich nicht, warum. Das Böse muß vernichtet werden.

Februar 1976

In diesem Augenblick geht eine Revolution vor sich, aber es ist keine mit einer Armee. Sie kommt hinterrücks und unauffällig.

April 1974

Ich hab immer in ... im Ghetto gelebt. Aber ich glaube nicht, daß das Ghetto meine Zukunft sein muß, genausowenig wie ich glaube, daß wir es gut finden sollten, immer in der Scheiße zu leben.

März 1978

Die Kids wachsen auf und sehen mit an, wie ihr Vater arbeiten geht und leidet und stirbt und wie die Mutter, die einen dicken Bauch hat, ins Krankenhaus geht und sich operieren läßt. Die (Familien-)Struktur ist kaputt und sie müssen alles zusammenhalten. Die Kinder müssen alles zusammenhalten … Das sind die Jungen, die wissen wirklich (was Leiden ist).

Juni 1976

Die Kids, die hierher kommen, sehen etwas anderes in mir. Für die stehe ich eher für den Kampf der Straße gegen das System. Viele andere Leute sehen das auch so, aber für die geht es mehr um den Glauben und um ihre Wurzeln. Für die ist es auch das System gegen *I and I*, weil *I and I* schon da war, bevor es das System gab, und deshalb bringt man das System dazu, *I and I* zu bekämpfen. Das System kämpft, und wir sagen Frieden, Liebe, und das ist eine Lebenseinstellung. Nicht wir kämpfen gegen das System, sondern das System gegen uns.

August 1980

So viele Menschen müssen sterben, und das noch nicht einmal, damit die anderen Menschen leben können, sondern nur um ihnen zu zeigen, was diese Toten falsch gemacht haben. Wenn ich denke, was da unten (in Jamaika) los ist, Mann – das ist einfach schrecklich. Es ist wie eine Massenhinrichtung, niemand findet mehr den Aus-Knopf. Und Jamaika ist ein kleines Land. Jamaika, das heißt: leidende Menschen, die sonst nichts anderes haben. Die tun nichts als kämpfen. Und für was? Für nichts. Sie kämpfen nicht etwa für Jah oder so. Nur für den Krieg selbst.

August 1980

Jeder, der nach Gerechtigkeit schreit, ist ein Wailer.

1974

Wie Jah sagt: Der Westen muß untergehen. Dort ist der Teufel zu Hause. Die Teufel sind Menschen aus Fleisch und Blut, und der Kapitalismus und die Bestrafungskultur sind Teufelswerk – blutsaugerisch. Der Teufel hat einen Teil der Erde unter Kontrolle, er ist dort der Boß, während Gott in Afrika darauf wartet, daß wir das endlich alle merken.

Juni 1975

Du mußt schon ein Leidender sein, um zu dir selbst sagen zu können: »Mir geht's gut«.

April 1976

Hier (in Jamaika) kannst du nicht auf das hinarbeiten, was du willst. Du wirst dein Ziel nie erreichen. Das System tötet die Menschen, deshalb müssen wir das System töten. Jeder möchte Auto fahren, niemand möchte mehr auf dem Esel reiten.

Juni 1976

Ich mag keine Schußwaffen, und ich will nicht kämpfen. Aber wenn wir uns auf den Weg nach Afrika machen, und die sagen dazu nein, dann werde ich persönlich dafür kämpfen müssen. Ich mag das Kämpfen nicht, aber Bösartigkeit mag ich auch nicht. Mein Vater war Captain bei der Armee; ich schätze, ich hab auch irgendwas vom Krieg in mir. Es ist immer noch besser, im Kampf für unsere Freiheit zu sterben, als sein ganzes Leben lang ein Gefangener zu sein.

August 1978

Ah, Jamaika. Wohin kann dein Volk gehen? Ich frage mich, ob es irgendein Ort auf dieser Erde sein wird.

1975

Du mußt jemand sein.

Juli 1979

Als ich noch im Ghetto lebte, mußte ich jeden Tag über Zäune klettern, weil die Polizei hinter mir her war, klar? Ich mußte also immer versuchen, irgendwas zu finden, wo sie mich möglichst nicht schnappen konnten. Deshalb möchte ich mit dem Ghetto nicht mehr so viel zu tun haben. Nicht wegen der Leute dort. Mit dem Ghetto zu tun haben heißt, mit einem Gefängnis zu tun haben, nicht mit Menschen. Wenn die Bullen im Einsatz sind, fahren sie zuerst ins Ghetto, nicht in die feinen Wohngegenden. Irgendwann wird dir dann klar: In die feinen Wohngegenden fahren sie nicht, also verlegen wir doch das Ghetto einfach dorthin! Entweder bleibst du dort (wo du bist) und läßt dich von bösen Menschen niederschießen, oder du unternimmst etwas und zeigst den Leuten, daß es auch besser geht. Denn sonst würde ich mir eine Kanone schnappen und anfangen, die alle abzuknallen, und dann würden viele Jugendliche es mir nachmachen, und die würden genauso sterben. Ich will, daß sich die Lage verbessert. Es muß nicht unbedingt materiell sein, es kann auch die Gedankenfreiheit betreffen.

1979

Ich sehe das so: Wenn Schießen für dich normal ist, wenn das Schießeisen deine Waffe ist, dann schießt du. Wenn du es gewohnt bist, mit Knüppeln und Steinen zu kämpfen, dann kämpfst du mit Knüppeln und Steinen. Wenn der Kampf auf der spirituellen Ebene abläuft, dann kämpfst du spirituell, denn der Kampf findet an allen Fronten statt. Wir haben keine Alternativen.

1979

Die Leute sagen, wir wären in einen wichtigen Kampf verstrickt, einen Krieg – aber es wird nicht so sein. Denn gegen die Sünde kann man nicht kämpfen. Ich würde nie in einem Krieg kämpfen. Ich würde auf meine Rechtschaffenheit bauen, versuchen zu leben und nach Hause gehen. Diese Revolution ist etwas Mechanisches – sie haben sie geplant. Wenn du eine Revolution planst, kannst du verletzt werden. Revolution läßt sich nicht planen. Sie geschieht einfach, und du kannst nur zusehen, wie sie um dich herum vor sich geht. Die einzige Kontrolle, die du dabei hast, ist, wenn Jah dich wirklich liebt und dich aus der Revolution nimmt. Die Revolution geht trotzdem weiter, ein härterer, aber ein reiner Kampf. Nicht so wie die Kubanische Revolution – das ganze Universum ist daran beteiligt.

1975

Ich möchte eigentlich nicht über Revolution reden, bevor ich nicht selber ein Gewehr hab. Ich möchte also nicht über Revolution reden, weil ich nicht weiß, ob ich jemals ein Gewehr haben werde. Wir selbst machen nämlich keine Gewehre. Um es noch mal klar zu sagen: selbst in Afrika kommt das Gewehr, mit dem ich meinen Bruder töte, von den Weißen, von denen müssen wir es kaufen.

Juni 1978

Musik, das ist ein besonderes Kaliber. Wenn die volles Rohr kommt, tut das nur gut – bei den gängigen Kalibern kostet dich das dein Leben.

Juni 1978

Seine Botschaft

Gott hat nie einen Unterschied gemacht zwischen schwarz, weiß, blau, rosa oder grün. Menschen sind einfach Menschen. Das ist die Botschaft, die wir zu verbreiten versuchen.

Juni 1976

Ich habe die Pflicht, die Wahrheit weiterzugeben, so wie sie an mich weitergegeben worden ist. Ich werde solange damit weitermachen, bis ich sicher sein kann, daß die Botschaft bei den Menschen angekommen ist. Die Botschaft, daß Rastafari der Allmächtige ist und daß es für uns Schwarze Erlösung gibt, wie für alle anderen auch. Für Geld würde ich rein gar nichts machen. Ich mache es, weil es meine Pflicht ist.

Juni 1976

Es sind unterschiedliche Songs, die so geschrieben sind, daß möglichst viele Leute die Texte verstehen können. Ich schreibe immer über konkrete Situationen und über meine Gedanken zum Leben.

Juli 1973

Es ist kein besonderes Vergnügen, über das Leiden zu singen, weil ich finde, daß die Menschen eigentlich nicht leiden sollten, und es ist nicht gerade toll, darüber zu singen. Aber du mußt darüber singen, weil es das immer noch gibt.

Februar 1978

Ich glaube nicht, daß man sich von seinen Wurzeln lösen kann. Wenn du einen Song schreibst und ihn spielst, ist die Verbindung automatisch da.

April 1974

Was ich sage, ist, was ich sage. Das Publikum sollte eigentlich wissen, was ich zu sagen habe, schon bevor sie kommen. Manchmal verstehen sie es vielleicht nicht so ganz, und manchmal werden sie richtig high.

Juni 1976

Es ist eine universelle, internationale Botschaft. Wenn man jeden Tag streitet, dann sagt man letztlich Gebete für den Teufel auf, weil der Teufel es mag, wenn man jeden Tag streitet und sich bekriegt.

Juni 1976

Es ist einfach, einen stinknormalen Lovesong zu schreiben: »Hey baby, I love you but you don't treat me good« [Hey Baby, ich liebe dich, aber du behandelst mich nicht gut]. Aber das interessiert mich nicht mehr so richtig, so was bleibt nicht lange lebendig. Aber wenn du die richtigen Worte singst, kann der Song leben. Er kann bis ans Ende unserer Zeit leben, und wenn der Jüngste Tag kommt, brauchst du ihn nicht mehr, dann brauchst du neue Worte.

Juni 1976

Manchmal gefällt mir auch Instrumentalmusik. Aber Texte sind wichtig. Daß alles »rund« ist, das ist wichtig. Leute, die sich nur die Musik anhören und nicht die Texte, hören bald auch auf die Texte. Wenn du wirklich zuhören willst, hörst du auch den Text, auch wenn du vielleicht nicht alles verstehst.

Juli 1975

Überwindet die Teufel durch etwas, das Liebe heißt!

Juni 1975

Du mußt aufpassen, was für Songs und Vibrations du an die Leute weitergibst, denn »wehe denen, die mein Volk vom rechten Weg abbringen«. Als Sänger ist es mir persönlich lieber, für alle Leute zu singen als nur für die Hälfte.

Juni 1976

Die Botschaft ist, zu leben. Meine Botschaft, die ich in der ganzen Welt verbreite, ist Rastafari. Im Augenblick gibt es niemanden, der einem zeigt, wie man richtig lebt.

März 1976

Also, die Leute verstehen die Songs, oder sie verstehen sie nicht, aber du mußt sie so oder so singen. Die Leute wollen das Schöne, Mann.

August 1976

Ich bin ein Mann Gottes, und ich bin gekommen, um Gottes Werk zu tun.

Juni 1975

Rasta

Rastafari ist keine Kultur, es ist eine Wirklichkeit.

Februar 1976

Ich kann dir nicht sagen, woher ich von Rastafari weiß. Es ist die reine Vision.

Februar 1976

Wie stehst du zu Haile Selassies Tod (August 1975)?

Tod? Nenn es nicht Tod. Ich sehe Seine Majestät nicht als einen Menschen. Jah und tot! Jah kann nicht sterben! Seine Kaiserliche Majestät hat einen unbesiegbaren Geist.

Februar 1976

Zu der Zeit, als ich noch ein junger, kleiner Nachwuchsrasta war, da hab ich nur versucht, an Rasta Spaß zu haben. Jedesmal wenn ich irgendwas Rotes, Goldenes und Grünes gesehen hab, hab ich es genau unter die Lupe genommen, als ob es eine Botschaft wäre. Wenn ich mir das Leben auf der Straße angeschaut hab, dann hab ich gesehen, daß Rot, Gold und Grün die Erde regiert: Egal, wo du auf der Erde hinkommst, es ist Rot, Gold und Grün, das einem sagt, wann man anhalten soll. Das ist ein Naturgesetz und hat auch psychologische Gründe.

November 1979

Meine Zukunft ist die Rechtschaffenheit.

Februar 1976

Wann bist du ein Rasta geworden?

Ich war schon immer, bin immer und ich werde immer Rasta sein.

Seit wann bist du ein Rasta?

Von Anbeginn.

1973

Das Beste, was die (die Kirche) zu bieten haben, ist das mit dem Tod – die sagen, daß man stirbt und in den Himmel kommt, nach all dem Leid. Dafür das ganze Leid durchmachen müssen! Das ist so, wie wenn ich krank werde und erst hinterher zum Arzt gehe. Nein, das Leben selbst ist doch das Beste.

Juli 1975

Babylon will keinen Frieden, Mann. Babylon will Macht.

April 1977

Du veränderst dich, wenn du den Schritt von Babylon zu Rasta tust, aber von Rasta kannst du dich nirgendwohin mehr verändern. Wenn die Wahrheit in dir zum Leben erwacht ist, bleibt dir nichts anderes übrig, als sie anzunehmen.

März 1978

Gott ist gerecht. Selassie I. hat einem Menschen wieder Leben eingehaucht, warum also schauen die Leute auf sein Bankkonto? Warum beachten sie nicht das Herz, das schlägt?

Juni 1976

Ich habe gelobt, mich für die Rechtschaffenheit einzusetzen. Gott hat mir dafür die Inspiration gegeben. Gott ist der Boß, er sagt dir, was du zu tun hast.

Juni 1976

Der Mensch kann ohne Gott nicht auskommen. Genauso wie du Wasser trinken mußt, wenn du durstig bist. Du kommst einfach ohne Gott nicht aus.

Juni 1976

Es ist nämlich so, Gott ist ewig, und Haile Selassie ist Gott. Gott ist nicht jedermann. Manche Leute sagen: »Ich bin ein Mensch, du bist ein Mensch« und sie zeigen auf einen anderen und sagen »Dieser dort ist Gott.« Aber so läuft das nicht. Ein Mensch muß erst beweisen, daß er Gott ist, und Haile Selassie ist Gott.

Juni 1976

Schau dir nur mal die Sache mit dem Hurrikan (1980) an, der genau auf Jamaika zugesteuert ist. Und im letzten Moment wendet Jah ihn ab. Kannst du dir vorstellen, was hier unten alles hätte passieren können? Der Hurrikan sollte den Jamaikanern zeigen, daß Gott Gott ist, und trotzdem machen sie so weiter, als ob sie nicht an ihn glauben.

September 1980

Babylon ist überall. Es gibt »falsch« und es gibt »richtig«. Falsch ist, was wir Babylon nennen. Ich hätte in England zur Welt kommen können oder in Amerika, es macht keinen Unterschied, wo ich geboren wurde, weil es überall Babylon gibt.

Auch in Addis Abeba?

Ja, klar. Wichtig ist, daß der Mensch in Rechtschaffenheit lebt, in natürlicher Liebe zur Menschheit. Ich wurde in Babylon geboren. Mein Vater, der mit meiner Mutter zusammenkam, war Engländer, ein Captain bei der Armee, also einer, der in den Krieg zieht. Mehr Babylon als das geht wohl wirklich nicht mehr. Meine Mutter war eine Schwarze aus dem Landesinneren von Jamaika, vom richtigen Land, und auf der anderen Seite war also dieser Mann aus England, der in den Krieg gezogen war. Da kannst du mal sehen, wie weit Babylon kommt, von England extra hierher.

Juli 1975

Ein bestimmtes Wort kann dich lange Zeit von der Wahrheit trennen: zum Beispiel können Leute das Wort »Babylon« benutzen und dabei keinen blassen Schimmer davon haben, was Babylon eigentlich ist. Das macht so jemanden zum Dummkopf, er wird unfreier, denn entweder etwas ist richtig oder es ist falsch. Wenn du recht hast, hast du recht, und wenn du nicht recht hast, hast du nicht recht.

Juli 1975

Ich gehöre einem der Zwölf Stämme Israels an, und wir versuchen, das Volk zu einen, damit wir nach Afrika zurückkehren können. Die Zwölf Stämme sind die zwölf Söhne Israels, die für die zwölf Neigungen des Menschen von Ruben bis Benjamin stehen, so daß also jeder Mensch in einem anderen der zwölf Monate geboren ist, die alle durch einen Stamm vertreten werden. Ich zum Beispiel komme vom Stamm des Joseph, und Haile Selassie, der siegreiche Löwe, ist aus dem Stamm des Juda.

Februar 1978

Wie kann es sein, daß du dir der Gefahr bewußt bist, ermordet zu werden, wo du doch auch sagst, daß es den Tod nicht gibt?

Einen Moment mal. Du glaubst also, daß du auf die Straße gehen, dich vor ein Auto werfen und dich einfach überfahren lassen kannst? Wenn ich rausgehe und sehe, da kommt ein großer Bus, und ich lege meinen Kopf drunter, was glaubst du, was passiert? Ich glaube nicht an den Tod, weder an den des Leibes noch an den des Geistes. Aber du mußt ihn vermeiden. Manche Leute halten das für keine so große Sache. Sie wissen nicht, wie lange sie ihn aufhalten können. Die Erhaltung des Lebens ist ein Geschenk von Gott, sein Geschenk ist das Leben, der Lohn der Sünde ist der Tod. Wenn ein Mensch Böses tut, dann war's das schon, dann ist er tot.

Juli 1979

Wenn du tot bist, bist du tot.

Juni 1978

Die einzige Wahrheit ist Rastafari.

August 1980

Er (Haile Selassie) ist so jung, der jüngste Mensch auf

Erden. Er hat die Zeit unter sich.

Juli 1975

Rastafari ist wie ... eine Schildkröte, mit einem Panzer rundherum. Du mußt einen Rasta-Schutz haben. Wenn ein Mann dir was antun will, dann kann es zum Beispiel sein, daß er in fünf Minuten eingeschlafen ist, und in sechs Minuten gehst du raus und er ist weg. Oder einer geht aus dem Haus, hat Gras dabei, läuft einem Polizisten über den Weg und wird durchsucht. Ein anderer Typ sagt sich vielleicht: »Okay, jetzt denk erst mal nach.« Wenn das Gefühl stimmt, geht er los. Er geht raus, und die Straße ist frei. Die Polizei ist irgendwo da drüben um die Ecke. Zu einer bestimmten Zeit geht ein Mann vielleicht los und wird gleich gefilzt, und er fragt sich: »Verdammt, wie konnte das nur passieren?« Es hat nur was mit der Beherrschung der Zeit zu tun, und wenn er ein bißchen früher oder später losgegangen wäre, dann wäre es ihm nicht passiert. Deshalb ist Rasta der einzige Schutz. Wir leben in einer Zeit, in der Brüder gegen Brüder kämpfen und Schwestern gegen Schwestern, die Menschheit gegen sich selbst. Das alles sind Zeichen der Zeit. Nur durch Rasta kannst du überleben.

August 1980

Ich *glaube* nicht. Wenn du glaubst, hast du Zweifel. Du mußt *wissen*. Ich weiß, daß Seine Kaiserliche Majestät Haile Selassie der allmächtige Gott ist. Das weiß ich.

1975

Welchen Einfluß hat deine Religion auf deine Musik?

Religion kann Musik nicht wirklich beeinflussen. Weil Musik natürlich ist. Ich habe keine Religion ... ich bin natürlich, und es ist keine Religion, sondern eine natürliche Sache, die du eigentlich in dir haben solltest.

Juni 1975

Jeder bringt seine Schäfchen ins Trockene, und Gott uns

alle! Ja, verdammt! Das bedeutet Krieg! Jamaika ist die Hölle. Bevor wir nicht zu unseren Wurzeln zurückfinden, werden wir Politik immer noch auf der Rechnung haben müssen.

Juni 1976

Was bedeutet Rasta?

Rechtschaffenheit.

Juni 1975

Würden die Rastas sich damit zufriedengeben, Jamaika zu ihrem Afrika zu machen?

Nein! Wir geben uns mit Jamaika nicht zufrieden. Uns gefällt Jamaika zwar. Aber Jamaika ist für uns Rastas verseucht. Jamaikas Geschichte ist verdorben; das ist genauso wie du ein zerbrochenes Ei nicht wieder zusammensetzen kannst. Jamaika kann für *I and I*, für die Rastas nicht wieder repariert werden. Wenn wir uns das System hier anschauen, sehen wir den Tod, und wir Rastas sagen: Leben!

Juni 1976

Früher wurden wir oft *natty head* [Filzhaar] genannt, so als Beleidigung, aber ich hab's immer als Krone benutzt, weil ich ein positives Bild von mir habe. Ich kröne mich damit. Du nennst mich *natty head* – nur zu! Wer schert sich schon darum, was du denkst?

1974

Es gibt zwei Dinge auf dieser Erde, das Gute und das Schlechte. Wenn du auf die Straße rausschaust, siehst du viel Schlechtes. Es gibt nur eine Rasta-Religion. Es heißt immer: »Du mußt ein gepflegtes Äußeres haben.« Ich weiß nicht, für wen ich vorzeigbar sein muß, ich weiß nur, daß ich mich selber anschauen können muß. Denn wenn ich mich nicht mag, so wie ich bin, dann kann ich mir nicht vorstellen, warum irgend jemand anders mich mögen sollte. Meine Dreadlocks sind die totale Freiheit. Sie zeigen den Leuten in Babylon: Dieser Mensch hier ist völlig frei. Sie haben keinen Einfluß mehr auf mich, egal welcher Art. Sie können mir nicht sagen: »Junge, du hast dies zu tun oder jenes zu lassen.« Aber das ist mein persönlicher Grund. Andere Rastas lassen sich ihre Dreadlocks aus anderen Gründen wachsen.

1974

Ich will ein Rasta sein, und mir wäre es lieber, sie würden mich gleich töten, anstatt mir zu sagen, wie sie mich gerne hätten. Aus diesem Grund haben es die Rastas auf Jamaika so schwer – niemand gibt ihnen Arbeit.

1974

Was hältst du von den Leuten, die an Rastafari zweifeln, weil Selassie gestorben ist?

Den Leuten ist einfach nicht klar, daß ich sage, er ist Gott. Denn wenn ich sage, er ist Gott, wie kann mir dann jemand erzählen, daß Gott tot ist? Ich weiß um die Geheimnisse und das Geheimnisvolle, das unser Gott tun kann. Und Gott versteckt sich nicht vor den Menschen. Gott ist ein Mensch, der verschwinden und wieder auftauchen kann.

1976

Es wird Krieg geben, große Kriege, aber während andere Leute sich auf den Krieg vorbereiten, mach ich mich bereit, Jah zu begegnen.

1975

Überall dort, wo der Teufel am Werk ist, ist Babylon. Babylon durchsetzt die Luft mit negativer Energie. Aber der Teufel hat nicht die geringste Macht über mich. Wenn der Teufel zu mir kommt, gebe ich ihm die Hand! Der Teufel muß seine Rolle spielen, und der Teufel kann auch ein guter Freund sein, weil er dich nur dann, wenn du ihn nicht erkennst, vernichten kann. Der Teufel ist ein gefährlicher Typ. Jah wird mich vor ihm beschützen. Er hat gesagt, habt keine Angst, fürchtet euch nicht.

Hast du vor irgend etwas Angst?

Ich? Nee. Na ja … ich bin
kein besonders guter
Schwimmer, deshalb geh ich
nicht zu tief ins Wasser.

Juli 1975

Rasse

K*ommst du denn mit Nicht-Rasta-Leuten nicht so gut aus?*

Man muß jedem eine Chance geben, finde ich. Ich würde nie einen Menschen kreuzigen wollen, so wie sie Christus gekreuzigt haben, nur weil er kein Rasta ist.

Juni 1976

Meine Musik verteidigt die Rechtschaffenheit. Wenn du schwarz bist und unrecht hast, dann hast du unrecht, wenn du weiß bist und unrecht hast, hast du unrecht. Wenn du Indianer bist und unrecht hast, dann hast du auch unrecht. Das ist allgemeingültig.

Juni 1976

Es sollte keinen *Krieg* zwischen Schwarzen und Weißen geben! Aber solange die Weißen den Schwarzen nicht mit offenen Ohren zuhören, muß es so was wie ... na ja ... *Argwohn* geben!

Juni 1976

Die Hautfarbe eines Menschen ist kein bißchen wichtiger als die Farbe seiner Augen. Ich versuche nicht, ein rein schwarzes Publikum zu erreichen.

Juni 1978

Ich glaube an Freiheit für alle, nicht nur für die Schwarzen.

August 1979

Ich spreche nicht für die Weißen, und ich spreche nicht für die Schwarzen. Ich spreche nur für den Schöpfer und für dieses Grundgefühl, das uns sagt, daß wir alle zusammenkommen sollen, und leben.

Juni 1976

Ich kann niemandem sagen, wie er leben soll; jeder muß selber rausfinden, wie er leben will. Weil Gott die Erde gemacht und alle als gleiche Wesen geschaffen hat. Deshalb soll jeder das Leben leben, das er leben will.

April 1977

Also, ich ergreife für niemanden Partei, nicht für die Schwarzen, nicht für die Weißen, sondern nur für Gott, den Mann, der mich geschaffen hat, der mich aus Schwarz und Weiß hat entstehen lassen, der mir dieses Talent gegeben hat.

Juli 1975

Mein Vater war ein Weißer, meine Mutter war eine Schwarze, und ich bin irgendwas dazwischen. Das heißt, ich bin nichts. Alles, was ich habe, ist Gott.

1977

Einheit heißt die Lösung für die Welt, Harmonie zwischen den Rassen. Bevor die Weißen nicht aufhören, sich weiß zu nennen, und die Schwarzen nicht aufhören, sich als Schwarze zu sehen, werden wir es nicht erleben. Alle Menschen auf der Erde sind doch eine Familie.

Februar 1978

Ist es deine Absicht, die Nigger zu befreien?

Nigger? Nigger?! *Nigger* steht für Verdammtsein. Ich bin *Rasta*. Den *Tod* kannst du nicht befreien. Ich bin *Leben*. Wo hast du nur das Wort »Nigger« her?!

Pressekonferenz, Juli 1975

In meinen Songs steckt die Botschaft von der Rechtschaffenheit, egal ob du jetzt schwarz bist ... hey, du weißt doch, daß ich auch keine Vorurteile mir selbst gegenüber hab! Weil mein Vater ein Weißer ist und meine Mutter eine Schwarze. Du weißt doch, wie sie mich nennen – einen Mischling oder was auch immer.

Juli 1975

Noah hatte drei Söhne: Ham, der schwarz war und in Afrika gelebt hat, Japhet, der weiß war und in Europa gelebt hat, und Sem aus Asien. Die Weißen müssen also Japhet sein, und die Schwarzen Ham. Wenn ein Schwarzer zu dir kommt und sagt: »Ich bin ein Schwarzer«, dann heißt das Krieg. Es hat was zu bedeuten, wenn ein Weißer zu dir kommt und sagt: »Ich bin Japhet.« Dann weißt du, er ist dein Bruder.

Februar 1978

Der Gott, der *I and I* geschaffen hat, der hat farbfilmtaugliche Menschen geschaffen.

August 1980

Erzähl mir nichts von weiß und schwarz oder rosa und blau. Unsere Farben sind rot, gold, grün. Wir haben keine Vorurteile, wir überlassen das Urteil Jah.

Juni 1975

Schwarze sind so stur. Die bleiben hier, weil die Weißen ihnen ein großes Hotel und einen Fußboden zum Saugen geben.

August 1974

Es war Gott, der alle geschaffen hat, und er hat den Schwarzen einen Weg vorgegeben, auf dem auch die Weißen folgen müssen, weil die Weißen aus den Schwarzen hervorgegangen sind, alle Weißen.

Juli 1978

Du darfst dich den Weißen nicht unterordnen. Du mußt ihnen überlegen sein. Das heißt, daß du keine Vorurteile haben darfst, denn wenn du überlegen bist, wie kannst du dann noch Vorurteile haben? Wir meinen damit nicht, daß man sich unbedingt unter sie mischen soll. Mit so 'ner Halbe-Halbe-Lösung kommt man nicht weiter. Wir sind überlegene

Menschen, aber diese Typen (die Weißen) haben uns sozusagen das Heft aus der Hand genommen und es gegen uns verwendet. Du mußt den Menschen zeigen, wer Gott ist und … die Sache angehen.

Juli 1978

Vorurteile sind wie eine Kette, sie machen dich unfrei. Wenn du Vorurteile hast, kannst du dich nicht bewegen, wirst du deine Vorurteile jahrelang nicht los. Mit so was kommst du nie weiter.

Juli 1974

Jah

Wir haben einen Song, der *Jah Live* [Jah lebt] heißt. In den Nachrichten wird behauptet, daß unser Gott tot ist. Dabei sind die es, die das Ganze nicht verstehen. Sie verstehen's nicht. Bei uns gibt's den begriff *crazy baldheads* [verrückte Kahlköpfe], und auf der anderen Seite gibt's die *roots*. Wir werden diese *crazy baldheads* aus der Stadt jagen. Es hat was mit dem System zu tun und mit dem, was hier vor sich geht. Zum Beispiel waren wir es, die die Hütten gebaut haben, wir haben das Getreide angebaut, es war unser Volk, das für dieses Land geschuftet hat. Und jetzt, heute, schauen sie mit Verachtung auf mich herunter. Obwohl sie gern unser ganzes Getreide wegessen … Deshalb müssen wir diese *crazy baldheads* aus der Stadt jagen. Uns bleibt nichts anderes übrig. Wir dürfen nicht einfach rumstehen und mitansehen, wie sie uns lebendig begraben. Uns reicht's mit dem Scheiß! Schließlich waren wir es doch, die das Getreide angebaut haben. Wir haben die Hütte gebaut und das Getreide gepflanzt. Und wir haben das Land aufgebaut. Trotzdem gibt's da Typen, die's auf Rastas abgesehen haben und sagen: »Du kennst doch die Rastas, die sind zu nichts zu gebrauchen!« Dabei ist es unser Schweiß, auf dem er jeden Tag geht. Unser Blut und Schweiß.

Wirst du auf lange Sicht deine Macht eher als Musiker oder als Missionar nutzen, um Einfluß zu nehmen?

Ich denke nicht über Macht nach. Komisches Wort. Gott hat Macht, und er hat nicht aufgehört zu arbeiten.

Juni 1976

Ich habe den Eindruck, daß die Botschaft durch ihre Verbreitung über Schallplatten und so auch in der Welt angekommen ist.

Auf alle Fälle! Nicht ich sage diese Dinge, sondern Gott.

Juni 1976

Weißt du, ich kann immer das tun, was ich tun will. Und zwar zur rechten Zeit, alles geschieht zur rechten Zeit. Weil Gott mein Vater ist, er sorgt für mich, gerade so, wie man für einen Sohn sorgen muß. Er ist der perfekte Vater für mich.

Juni 1975

Es gibt nur einen Menschen, den ich darum bitte, mich zu seinem Diener zu machen. Ich will nichts tun, außer Seine Majestät sagt mir, daß ich es tun soll. Du weißt doch, was Jah sagt: »Solange die Menschen noch der Philosophie anhängen, daß eine Rasse einer anderen überlegen ist …« Im Augenblick kann niemand anders dem noch irgend etwas hinzufügen. Von so was Großartigem sind wir noch weit entfernt. Die Menschen müssen davon erfahren und sie müssen wissen, wer es gesagt hat. Siehst du denn nicht, daß der allmächtige Gott selbst es sagt? Und schau nur, wo er herkommt – aus Afrika!

August 1976

Hast du irgendwas zu Selassies Tod zu sagen?

Du kannst ihn ruhig *Selassie-I* nennen. Denn wenn er heute dreiundachtzig ist, dann triffst du ihn morgen, und er ist achtundzwanzig. Und am nächsten Tag ist er ein Baby, und dann ein Vogel. So sieht's nämlich aus! Jah lebt! Gott kann man nicht umbringen!

August 1976

Jah erscheint mir im Traum – und jedesmal ist er nur wenig älter als ich. Er sieht nicht aus wie neunzig oder so. Wenn ich zum Beispiel dreißig bin, dann ist er ungefähr fünfunddreißig. Mensch, das ist so schön, er ist mein Bruder, mein Vater, meine Mutter, mein Schöpfer, einfach alles für mich.

1975

Was beeinflußt dein Schreiben?

Jah.

1975

(Meine Musik) muß ein Geschenk sein. Manche Leute nennen alles ein Geschenk. Es ist Wirklichkeit. Die Arbeit kommt einfach, du kannst nicht anders als sie tun. Dieser Gott macht alles, verstehst du? Deshalb bin ich persönlich, als Mensch, nichts ohne die Inspiration von Jah.

Juni 1975

Ich bin mir sicher, daß Haile Selassie I. der allmächtige Gott ist – ohne jede Rechtfertigung!

1976

Tatsachen, immer wieder Tatsachen, Dinge und noch mehr Dinge: das ist alles verdammter Blödsinn! Verstehst du nicht!? Es gibt keine Wahrheit außer der einen, und das ist die Wahrheit von Jah Rastafari!

1978

Afrika und die Repatriierung

Wir kommen aus Afrika, und keiner der politischen Führer will das akzeptieren. Die wollen uns weismachen, wir wären alle Jamaikaner. Die Mehrheit des jamaikanischen Volkes will nach Afrika heimkehren, aber die Politiker sagen, ihr müßt hierbleiben und hier sterben.

Juni 1976

Noch ist es nicht soweit, aber wenn es soweit ist, werden 144 000 von uns heimkehren.

Juni 1976

Ich habe das unbedingte Gefühl, daß die Zeit dann reif ist, wenn die Jugend in Jamaika sich vereinigt. Dann ist es Zeit, nach Afrika zu gehen. Wenn wir nach Afrika gehen und die Jugend in Jamaika ist nicht vereint, dann stimmt irgendwo was nicht. Du mußt einen Beweis haben, daß es vorangeht.

Februar 1978

Von den Unabhängigkeitsfeierlichkeiten in Simbabwe scheinst du als ein anderer Mensch zurückgekehrt zu sein.

Das kannst du laut sagen. Aber das eigentliche Kräftetanken hat in Äthiopien stattgefunden, denn diesen Song, *Zimbabwe*, habe ich in einem Land namens Shashamani (in Äthiopien) geschrieben. Das war also Kräftetanken auf ganzer Linie, und als der Song rauskam, ist es auch prompt passiert. Und jetzt stell dir nur mal vor, wenn ich meine Songs in Äthiopien schreiben würde, könnten sie fast alle wahr werden, und dann würde vielleicht jemand sagen: »Mann, das ist ein echter Prophet.«

September 1980

War das Konzert in Simbabwe für dich eine sehr emotionale Erfahrung?

Intensiv war es. Und sehr schön. Es war eine gute Erfahrung für mich, mal bei so was mitzumachen. Man fühlt eine Art Solidarität mit einer Menge Leute, die dort sind. Sie geben einem etwas, mehr als wenn man nur die Musik hätte, und auch wenn andere Leute nie wirklich die genau gleiche Erfahrung wie du machen, so werden sie doch ein Teil davon. Die Menschen wollen doch nur Frieden, Gerechtigkeit und das Richtige.

August 1980

Warum willst du nach Äthiopien zurückgehen?

Vorwärtsgehen.

Juli 1975

Wir Rastas müssen nach Afrika heimkehren. Für manche Leute klingt das vielleicht manchmal komisch … wie eine verrückte Idee. Aber es ist unsere echte Sehnsucht, nach Afrika heimzugehen. Gewisse Dinge, die vor langer Zeit passiert sind, müssen offenbart werden, aber bis das geschieht, solange ist *I and I* immer noch in Gefangenschaft.

Juni 1976

Ein Grund, weshalb ich (noch) nicht nach Äthiopien gehe, ist: Warum sollte ich jetzt nach Äthiopien gehen? Um auszuspionieren, ob das

Land schön ist, und zu gukken, ob ich dort leben will? Wenn ich nach Äthiopien gehe, muß sich das ganz natürlich ergeben. Nicht bloß, weil ich das Geld habe, dorthin zu gehen. Äthiopien ist mehr als das. Wenn wir nach Äthiopien gehen, das wird etwas Besonderes. Es kann nicht einfach wie eine Urlaubsreise sein, das wäre Dummheit. Es wird wirklich sein.

Juli 1975

Wie stehst du zu dem gegenwärtigen Krieg zwischen Äthiopien und Somalia?

Dieser Krieg – wenn du dir die Mühe machst, rauszufinden, warum sie kämpfen, was die Unruhen ausgelöst hat, dann stellst du fest, daß es in Äthiopien eine Hungersnot gegeben hat, und du stellst auch fest, daß sie nie um Hilfe gebeten haben. Alle wußten von der Hungersnot, und trotzdem wartet die »Menschheit« darauf, daß sie angekrochen kommen und um Hilfe betteln. Was ist da bloß los mit den Weißen? Warum helfen sie nicht? Wenn ich Rußland oder Amerika wäre, hätte ich mein möglichstes versucht, um zu helfen, denn es ist einfach nicht richtig, wenn zwei Völker, die doch eigentlich gleich sind, einander bekämpfen. Als sie halb verhungert sind, hat ihnen niemand geholfen, aber als sie einen Aufstand gegen Seine Majestät (Haile Selassie I.) gemacht haben, da hatten sie alle Munition der Welt. Das ist gerade so, wie wenn zwei Nachbarn streiten, und anstatt, daß der große Nachbar dazwischengeht und »Stop!« ruft, hetzt er sie nur noch mehr aufeinander. Die Somali schießen mit russischen Gewehren, Äthiopien schießt mit russischen Gewehren – wer hat da wohl was vom Krieg?

Februar 1978

Viele Leute verteidigen Südafrika, manche heimlich, andere offen. Viele Weiße verteidigen Südafrika, und wenn die Schwarzen in Südafrika unterdrückt werden, dann werden sie auf der ganzen Welt unterdrückt. Weil Afrika Salomos Goldgrube ist. Das heißt also: Krieg! Wenn *I and I* nicht lebt, lebt niemand.

1979

Es kommt vor, daß jemand zu mir sagt: »Hey, wie kannst du nur an Afrika denken, schau doch mal, wie viele Menschen in Afrika Hunger leiden.« Ich sage ihm dann: »Ich weiß, mein Freund; aber was kannst du tun, um Afrika zu helfen?« Ich hoffe, daß die Leute das wirklich verstehen, denn Gott ist Gott, das ist letztlich eine mystische Sache. Die Leute werden sagen: »Wie kann Gott in Äthiopien leben, und die Menschen um ihn herum sind am Verhungern?« Gott ist nicht gekommen, um nur die Menschen in Äthiopien glücklich zu machen und den Rest hungern zu lassen – das wäre nicht Gott. Es ist ein Glück, daß Äthiopien wirklich leidet, damit wir sehen, daß wir eine Zukunft haben.

1976

Zu viele Leute tun so, als ob es auf dieser Welt nur England und Amerika gibt. Aber in Afrika gibt es ein besseres Leben. Ich fühle mich mit Afrika verbunden. Ich möchte dorthin gehen und Musik schreiben. Warum können wir, anstatt nach New York, nicht nach Ghana gehen? Oder nach Nigeria, mal ein paar Schwarze treffen. Eine neue Sprache lernen.

August 1974

Warum sollte ich in Jamaika bleiben, wenn sie mich dort jedesmal mit Gewalt daran hindern, einen Joint zu rauchen, den Gott gemacht hat?

Juni 1976

Amerika

Ich war in Amerika, weil meine Mutter dort gelebt hat. Das Leben dort ist schneller. Alles läuft schneller. Amerika ist anders, weil du dort Dinge erledigt kriegst. Jamaika ist ein Land, wo du relaxt und wo du lernst, Dinge aufzuschieben. Aber in Amerika, Junge Junge, da mußt du dich ranhalten, da mußt du schauen, wo du bleibst! Bah! Es kommen auch immer wieder Amerikaner zu uns. Wir leisten ihnen dann Hilfestellung, so von wegen: »Nicht so schnell, bitte nicht so schnell!« In Amerika geht alles zackzack! Ich hab mal ein junges Mädchen sagen hören: »So eine Scheiße! Nur ein Telefon auf Jamaika! Bei uns zu Hause haben wir zwanzig Telefone, und ganz Jamaika hängt an einem!«

1975

Warum kommt Reggae bei der schwarzen amerikanischen Jugend nicht so gut an?

Na ja, in Amerika ist es ein Geschäft. Dort hast du 'ne Menge Plattengesellschaften, und ich schätze, daß wir erst dann auf einen grünen Zweig kommen, wenn die anfangen, Reggae Acts für sich zu entdecken. Anstatt allein loszuziehen, werd ich mich also mit irgend jemandem zusammentun, irgendein anderer mit wieder einem anderen, und irgendwann wird sich dann die Plattenindustrie für die Musik interessieren. Im

Augenblick sind sie nicht daran interessiert.

September 1980

Du fragst mich, was ich von Amerika halte: Ich sehe, daß dort viele Leute Schaufensterbummel machen, und zwar mitten in Manhattan. Dabei ist klar, das ist nur ein Trick, ein reiner Trick – der Typ, der das Schaufenster gemacht hat, hat es so dekoriert, daß es dir ins Auge fallen muß.

Gehst du denn nicht einkaufen?

Doch, ab und zu schau ich mal nach 'nem Paar Jeans. Irgendwo im (Greenwich) Village.

Februar 1976

Wie findest du New York?

In meiner Anfangszeit, als ich Rastafari gerade erst verstanden hatte, hätte ich vielleicht ein Gebäude wie das hier nie betreten. Ich bin zu der Zeit noch nicht einmal in irgendein Betongebäude bei uns auf Jamaika. Aber nach 'ner Weile hab ich mir überlegt: »Na ja, da gibt's Arbeit, die getan werden muß. Ich muß mit dieser Musik, die Gott mir gegeben hat, so umgehen, daß sie mich tragen kann.« Also hab ich mir gedacht: »Okay, vielleicht gibt es ein Erdbeben, aber wenn Gott mich losgeschickt hat, wird er mich ganz bestimmt nicht durch ein Erdbeben ins Wanken bringen, also brauch ich mir wegen diesem Schicksal keine Sorgen zu machen.«

September 1980

Einmal haben sie uns einen Plan für Kingston gezeigt – und das war Manhattan pur, New York, New York! Ich meine, wenn du dort runter zur Harbor Street gehst und genau hinschaust, da sind schon einige hohe Gebäude, und da fragt man sich: »Was geht hier eigentlich vor? Wer sind die Leute, die hier einfach ankommen und soviel Gewicht auf die Erde legen?« Und dann ziehen sie es noch bis in den Himmel hoch!

1975

Das Musikgeschäft

Hast du einen Plattenvertrag?
Ich habe eine Plattenvereinbarung.

Was ist der Unterschied?
Das eine ist eine Vereinbarung, das andere ein Vertrag!
Juni 1975

Wählt ihr euch euren Produzenten selbst aus?
Nein, nein – wir nehmen unsere Musik selbst auf. Das kann ein anderer doch nicht richtig machen. Der kennt sich nicht damit aus, aber wir kennen unsere Musik.
Juni 1975

Diese Typen an den Reglern (die Produzenten), die wollen doch nur schnelles Geld machen. Da triffst du auf Typen, die zweihundert Songs pro Jahr auf den Markt werfen, bei sechzig verschiedenen Plattenlabels und mit neunhundert verschiedenen Sängern. Und diese Typen machen selbst noch nicht mal Musik, sie haben nur das Equipment, und sie wollen es so weit bringen, daß du kein Geld siehst.
1975

Als die Diebe sich an den Reggae rangemacht haben, da hatten sie ausgesorgt. In Jamaika ist es leicht für jeden, der ein paar Dollars hat, ein Studio zu mieten, was aufzunehmen und den Tontechniker zu bitten, es abzumischen. Kaum ist er wieder auf der Straße, treten die Gauner auf den Plan: die Platte kommt in die Geschäfte, und Jojo (der Künstler) erfährt nichts von dem, was da passiert. Jamaikaner leben langsam, immer heißt es »soon come«, aber wenn es ums Plattenaufnehmen geht, da überschlagen sie sich fast.

1980

Schon bevor ich Island und Chris Blackwell gekannt hab, waren in England drei Alben von mir erschienen. Drei Alben mit meiner Musik, bei Trojan Records, von denen ich noch nicht mal was gewußt hab! Es ist echt seltsam. Deshalb werden manche Leute auch etwas komisch im Kopf. Wenn du heranwächst, so als Jugendlicher, da triffst du Leute, gehst auf sie zu, redest mit jedem, und jeder zeigt dir ein lächelndes Gesicht, weil du jung bist. Aber wenn du erst mal erwachsen bist, passiert was anderes, weil die gleichen Leute, die früher immer gelacht haben, dich jetzt nur noch anknurren. Und von denen gibt es Unmengen. Jeder wird ausgenommen. Jedesmal. Drei Alben! Ich glaub nicht, daß sie noch mehr Zeug auf Lager haben. Eigentlich können sie das nicht, weil das, was sie hatten, ausgespielt ist.

Oktober 1975

Wir müssen versuchen, die Typen mit der Piratenmentalität auszutricksen. Manchmal veröffentlichst du (eine Platte) in Jamaika, und dann kommst du nach New York und kriegst mit, daß die Platte dort verkauft wird. Obwohl niemand eine Genehmigung dafür hat. Deshalb war es wichtig, bei einer großen Plattenfirma unterzukommen. Wenn eine große Plattenfirma jemanden beim Schwarzpressen erwischt, können die ihm das Handwerk legen. Sonst würde er einfach weitermachen, irgendwo in seinem Keller pressen, unter der Hand verkaufen, und du bist immer noch in Jamaika und weißt nichts davon. Und alles, was du tun könntest, wäre, wenn du in der Stadt bist, deine Kanone zu nehmen, hinzugehen und draufloszuballern. Um das zu verhindern, arbeitest du mit einer großen Plattenfirma zusammen. Damit du keinen Mord begehst. So ist jedenfalls unser Deal mit Island zustande gekommen.

Juni 1975

Wir sind nicht über Connections nach England gekommen (für einen Plattenvertrag). Die Typen (mit denen wir früher in England Geschäfte gemacht hatten), das waren die absoluten Piraten. Diese Typen machen den Reggae kaputt, genauso wie sie den Rocksteady und den Ska zur Strecke gebracht haben. Die sind für den Reggae das, was andere Leute für die Rockmusik sind. Die saugen den Künstler aus, und manchmal bringen sie ihn sogar um.

Juni 1975

Im Musikgeschäft kannst du das »Wie« nicht in Frage stellen, weil du den Typen nicht kennst, dem die Musik gehört. Wer ist dieser Typ? Dir sollte alles scheißegal sein. Du mußt tun, was du tun mußt. Wenn du willst, mach dein eigenes Ding. Manche Leute tappen nämlich in die Falle.

Juni 1975

Das einzige, was sich im Musikgeschäft, so wie es heute ist, geändert hat, ist, daß die Leute, die die Musik machen, sie auch besitzen, sie schützen sich. Weil es eine Menge Schwindler gibt. Es geht doch nicht, daß einer Aufnahmestudios besitzt und noch nicht mal weiß, was das hohe g ist! Trotzdem möchte er mit Musik Geld machen, und zwar am besten viel. Die Leute, die die Musik machen, sollten auch die Kontrolle über das Ganze haben. Die Typen, die das Sagen haben, sind nicht in der Lage, diese Kontrolle auszuüben.

Juni 1975

Wir werden von den Leuten unfair behandelt, und manchmal ist es sogar'n Schwarzer (der uns bescheißt), weil er nicht so richtig vorankommt. Eines Tages fängst du dann an, über das Musikgeschäft nachzudenken, und du siehst die ganzen wichtigen Typen vor dir, wie sie sich auf ihren Schreibtisch fläzen, wie so'n Auto, das sich vor dir quer auf den Parkplatz stellt. Diese fetten Bonzen haben das komplette Musikgeschäft in der Hand. Da mußt du einfach ausgenommen werden. Es gibt nur einen Weg, nicht ausgenommen zu werden: wenn du gar keine (Musik) machst. Wenn du einmal damit anfängst, bist du dran.

Juni 1975

Weißt du, wie eine Menge Musik verlorengeht? Beim Abmischen.

Juni 1975

Wie lange machst du schon professionell Musik?
Wie meinst du das, professionell? Dafür bezahlt werden? Also, wir sind immer ausgenommen worden, aber professionell waren wir trotzdem.

Juni 1975

Ja, die Leute bestehlen mich und versuchen mich reinzulegen, aber jetzt weiß ich, wie der Hase läuft. Jetzt weiß ich Bescheid, ich durchschau's und laß mich nicht mehr reinlegen. Ich hab früher Aufnahmen gemacht und keine Tantiemen dafür gekriegt. Das passiert manchmal heute noch. Alle Wailers-Platten sind hier (Jamaika) gemacht worden, aber sie sind durch Raubkopien nach England gekommen. Die ganzen englischen Firmen bestehlen einen ... Alle, die mit westindischer Musik Geschäfte machen – nichts als Diebe.

Juni 1976

Die wollen nicht dich austricksen, die wollen deinen Verstand austricksen, das ist das, was mir daran nicht gefällt. Du hast Augen, du hast Ohren, du kannst sprechen, du kannst riechen, und trotzdem versuchen die, deinen Verstand auszutricksen. Es ist doch besser, mich bittet jemand um etwas und kriegt es, als daß er versucht, mich reinzulegen, um es zu kriegen. Ich weiß, wer Gott ist, wie kannst du mich da reinlegen wollen? Ich bin doch nicht auf den Kopf gefallen.

1980

Jamaika ist ein Land, wo du sehr leicht dem Konkurrenzdenken verfällst. Die Leute hier glauben, sie müssen gegen mich antreten und ich gegen dich. Manchmal denkt einer so was, weil er vielleicht nie auf der Schule war, und ich war in der Schule, und deshalb meint er, daß er irgendeinen Song singen muß, um mich von meinem Platz zu verdrängen, weil ich das sonst mit ihm so mache. Neid. Argwohn. Wut. Armut. Konkurrenz. Wir sollten uns einfach zusammentun und neue Musik schaffen, aber es gibt zuviel Armut, die alles versaut.

Juni 1980

Wenn wir wahre Brüder sind, kann uns Geld nicht trennen.

Juni 1976

Gewalt

Bewaffneter Kampf? Ich will nicht kämpfen, aber wenn ich mich auf den Weg nach Afrika mache, und wenn sie es dann nicht anders wollen, dann werde ich persönlich dafür kämpfen müssen. Ich mag das Kämpfen nicht, aber das Böse mag ich auch nicht.

1975

Vielen deiner Fans hat der Mordanschlag auf dich im Dezember 1976 Angst eingejagt. Hat sich die Lage inzwischen entspannt?

Na ja, so ganz wohl fühle ich mich nicht. Ich weiß nicht, was ich dazu sagen soll. Da war Rasta am Werk; wir sind frei, und die jungen Leute, die's auf mich abgesehen hatten, sind frei. Alle sind frei. Da brauchst du kein Gericht oder irgend so jemanden mit reinziehen. Rasta erledigt das auf seine Weise.

September 1980

Es war ein Wunder. Die ganze Geschichte war ein einziges Wunder. Niemand hat gesehen, wer es war, niemand hat sie geschnappt, und es ist ein Wunder, daß mir nichts Schlimmeres passiert ist. Da kriegt also jeder was ab von diesem Wunder.

Februar 1978

Es war ungefähr so: Ich steh da, und die kommen plötzlich reingestürmt und fangen an, wie die Verrückten draufloszuballern. Ich konnte mich nicht von der Stelle rühren, einmal bin ich'n bißchen zur einen Seite, und der Schuß ist dahin (wo er gestanden hatte), und dann zur anderen Seite, und die Schüsse landeten dort (wo er gerade gewesen war). Ich dachte eigentlich: »Nix wie weg!«, aber das war gar nicht nötig, Gott hat mich zur rechten Zeit hin- und hergeschoben. Seine Majestät hat mich geführt, und während ich mich bewegte, hatte ich ein Gefühl, als ob ich high wäre. Seine Majestät würde nicht zulassen, daß ich erschossen werde. Aber ich sag dir, Rasta, das ist echt nicht ungefährlich!

Februar 1978

Diese Erfahrung hat mich nur stärker gemacht. Eines Nachts hat mir ein Arm wehgetan, und ich hab gespürt, da ist was, irgendwas liegt in der Luft. Ich wußte nur nicht genau, was. Und dann eines Abends bin ich ins Bett, und in der Nacht hatte ich eine Vision: Ich stecke mitten in einer Schießerei, aber ich kann nicht erkennen, wer da schießt, ich steh da, wie an die Wand gestellt, inmitten des reinsten Kugelhagels, aber ich werde nicht getroffen. Als ich dann aufgewacht bin und drüber nachgedacht hab, ist mir klargeworden, daß es eine sehr ernstzunehmende Vision war, und ich hab mit meinen Brüdern darüber gesprochen ... Und da stand ich nun, ich hab die Schüsse draußen gehört, bin aufgesprungen und hab im ersten Moment dran gedacht wegzulaufen, aber dann ist mir die Vision eingefallen: in der Vision bin ich nicht weggelaufen. Ich mußte also stehenbleiben, nicht weglaufen.

Februar 1978

Ich weiß, daß meine Geburtsurkunde schon mein Steckbrief war.

März 1978

Warum wurde auf dich geschossen?

Vielleicht aus Neid. Neid ist eine Krankheit, die das Hirn vieler Menschen befällt. Er verwirrt sie, bringt ihr Blut zum Kochen, macht sie böser.

1978

Weißt du, wer auf dich geschossen hat?

Ja … aber das ist streng geheim. Absolut streng geheim.

Mai 1977

Geht es im Reggae-Geschäft wirklich so brutal zu?

Es ist besser, selbst zu wissen, wenn deine Platte ein Flop ist, als es dir von irgend jemand anders erzählen lassen zu müssen. Und wenn sich deine Platte gut verkauft, dann gibt dein Produzent vor, gerade in Nassau zu sein, wenn du in seinem Büro vorbeischaust. In Jamaika wird von dir erwartet, daß du von deiner Machete, deinem Messer oder deiner Kanone Gebrauch machst.

Juni 1977

Was hat man schon davon, schlecht zu sein? Das hab ich mich gefragt, hab's mal genauer betrachtet und gemerkt: »Verdammt, Junge, wenn ich diesen Mann hier schlage, dann spüre ich gleichzeitig eine Verbindung. Und da war mir klar, es ist der gleiche Gott, der in meiner Hand lebt, und das heißt, ich schlage damit nicht wirklich diesen Typen, ich schlage Gott.

Juli 1979

Die Brüder finden allmählich zusammen, und wir brauchen eine Basis, wo's keine Polizeibrutalität gibt und keiner respektlos behandelt wird. Schau dir nur mal Jamaika an – in Jamaika sah's übel aus, politische Gewalt, Unruhen an jeder Ecke. Aber jetzt hat die Jugend erkannt, daß das nichts bringt, und deshalb kommen sie jetzt in Eintracht zusammen und bekämpfen sich nicht mehr.

Februar 1978

Ich will gegen niemanden mit Waffen kämpfen. Ich darf nicht für meine Rechte kämpfen, meine Rechte müssen zu mir kommen. Man steht auf für seine Rechte, und man gibt diesen Kampf nicht auf, aber man kämpft nicht für seine Rechte.

1975

Hast du Angst um deine Sicherheit?

Nix da! Ich hab vor denen keine Angst. Wenn ich ihnen aus dem Weg gehen kann, geh ich ihnen aus dem Weg. Wenn ich die Straße entlanggeh und eine Straßensperre seh, und da ist noch eine Straße, in die ich vorher einbiegen kann, dann ist es das beste, dort einzubiegen. Es ist nicht gut, durchsucht zu werden. Wenn mich jetzt aber einer umbringen will, wenn jemand vorhat, mir was anzutun, und es nicht durch *I and I* geschieht, daß er das machen will; wenn das einzige, was ich tun kann, ist, mich zu verteidigen, dann mach ich das auch. Ich mach es selbst und laß niemand anders das machen. Rasta ist auch körperlich, verstehst du, was ich meine? Wir lassen uns nicht mehr wie die Lämmer zur Schlachtbank führen, wie früher mal. Sie haben einfach nicht die Macht, *I and I* bestimmte Dinge anzutun. Sie haben einfach nicht die Macht dazu.

März 1976

Lebensweise

Ich esse kein Fleisch, aber das ist ganz einfach – die Bibel sagt dir, was du tun sollst. Du sollst kein Schweinefleisch essen, kein Maultier, keine Pferde, Esel, keine Ente ... aber Geflügel darfst du essen.

Juni 1976

Trinkst du?

Manchmal ein bißchen Wein, sonst nichts. Schnaps (ist) schlecht; Alkohol ist nicht gut. Gras wächst natürlich.

Juni 1976

Rum zermatscht dir deine Eingeweide. Bringt dich um, genau wie das System.

Juni 1976

Hast du auf Reisen deinen eigenen I-tal-*Koch dabei?*

Also, meistens finden wir ja ein Hotel mit Küche und so. Aber jetzt überlegen wir uns, ob wir uns nicht eine von diesen »Küchen auf Rädern« zulegen. Aber das Essen ist kein Problem. Der Mensch lebt doch nicht vom Brot allein. Wenn wir also mal nichts zu essen kriegen können, halten wir es auch ohne aus. Ich kann eine Zeitlang auch ohne Essen auskommen.

September 1980

Wenn man nicht lachen kann, steht man dumm da: die Anspannung macht einen fertig.

November 1979

Ich hab ’nen BMW. Aber nur, weil BMW für »Bob Marley & The Wailers« steht, und nicht, weil ich ein teures Auto brauche.

1977

(Ich fahre) einen Jeep. Einen alten Jeep, damit niemand mehr sagen kann, daß ich einen BMW fahre. Den BMW konnte ich eh nicht ausstehen, hahaha! Mit dem BMW gab’s nur Ärger!

September 1980

Du spielst Fußball?

Ja ... nur weiß ich nicht so recht, auf welcher Position. Manchmal spiele ich in der Verteidigung, manchmal Stürmer. Ich verteidige gern, aber ich greif auch gern an.

Februar 1976

Ich hab in der Schule gespielt, nie bei irgendeinem großen Club oder so, nur in der Schule in Trenchtown. Fußballspielen ist ein Teil von mir; es bewahrt einen davor, in Schwierigkeiten zu geraten. Disziplin. Laufen am frühen Morgen. Wenn man läuft, mistet man seinen Kopf aus. Die Welt um einen herum erwacht.

Würdest du lieber die ganze Zeit Fußball spielen, anstatt Musik zu machen?

Ich liebe die Musik mehr als den Fußball. Wenn ich lieber Fußball spielen würde, dann wäre das vielleicht ein bißchen gefährlich, weil Fußball sehr brutal werden kann! Ich singe von Frieden und Liebe und dem ganzen Zeug, und vielleicht bewirkt es ja was. Aber wenn dich im Fußball einer hart angeht, dann weckt das Kriegsgefühle!

August 1980

Viele Leute haben eine falsche Vorstellung von dieser Sache mit den Dreadlocks. Wie hab ich in einer Zeitschrift gelesen: »Marley kam mit gewachsten Locken auf die Bühne«. Das geht schon sehr stark in Richtung Lüge, weil ich mich nie hinsetzen und Wachs auf meine Haare tun könnte, meine Wolle, um sie zusammenzuhalten. Mensch, die wären dann doch feucht und würden stinken! Die sind völlig blind! Das hier ist natürlich gewachsen.

Juli 1975

Ich liebe es, auf dem Feld zu arbeiten. Ich möchte später mal auf einem Hof leben. Ich möchte eigentlich nicht in einer Wohnung leben, jeden Abend in einen Club gehen und dann nach Hause, immer wieder das gleiche.

April 1977

Ich bin ein Pflanzer durch und durch. Ich bin damit aufgewachsen. Das war das erste, was ich überhaupt getan habe – Land bebauen. Ich bin da reingewachsen, und es ist das, was ich wirklich liebe. Aber die Art von Ackerbau, die ich früher betrieben habe, das war echte Sklavenarbeit, mit Hacke und Machete. Oder wir haben mit der Hand gegraben. Wir hatten nicht diese Teile, mit denen man fährt und den Boden umpflügt.

September 1980

Mein Leben ist hier, in diesem Fleisch; darin, damit muß ich leben. Ich hab nie gesagt, daß es für mich keine Angst vor dem Tod gibt, aber ich gebe mich nicht mit ihm ab. Ich seh's nicht ein, dieses Fleisch aufs Spiel zu setzen, weil ich es zum Leben brauche.

November 1979

Zu Hause meditiere ich und mache Musik und spiele: Fußball, Tischtennis, Dame, »Mensch ärgere dich nicht«. Aber das Tollste ist wirklich, physisch beieinander zu sein.

Oktober 1976

Wenn man in England nicht auch dann trainieren würde, wenn es regnet, dann würde man nicht viel Bewegung kriegen.

April 1977

Ich bin ein Mensch, der die Dinge aus dem Ohr raus angeht.

Juni 1976

Es ist wie ein Zwang. Für eine bestimmte Zeit im Jahr muß ich aus Jamaika weg.

Juli 1975

Meine Zukunft liegt in einem grünen Teil der Erde. Groß genug, daß ich frei umherwandern kann. Ich glaub nicht, daß Jamaika der richtige Ort dafür ist, es sieht mir ein bißchen klein aus. Das heißt also, irgendwann ziehen wir einen Kreis um Jamaika, soll heißen, Aufgabe hier erledigt, brauch ein neues Land: Äthiopien, Abenteuer, du weißt schon.

Juli 1975

Die Leute da draußen, die sind so was von ignorant! Keiner von denen versteht es, wirklich zu leben! Dabei sollten sie eigentlich wissen, was richtig ist und was falsch.

Februar 1978

Ich arbeite nur schöpferisch. Rein schöpferisch.

Juni 1975

Bist du viel mit anderen Musikern zusammen?

Ich bin nur mit meinem *I*-genen Selbst zusammen.

Juni 1975

Ich werd nur ein bißchen angespannt, das ist nicht richtig nervös. Wenn du lachst, zuviel lachst, dann läuft alles auf eine etwas selbstgefällige Art ab. Manchmal muß einer die Zügel ein bißchen anziehen, muß fast'n bißchen streng sein. Und nach der Show sind wir dann alle wieder relaxed.

Juli 1975

Wenn's Zeit für Musik ist, werde ich ernst. Und das bleib ich dann auch, schließlich sind wir nicht in einem Kasperletheater.

Juli 1975

Frauen

Verliebst du dich manchmal?

Also, es ist so, du darfst deine Kraft nicht an eine Frau verlieren. Eine Frau ist dazu da, geliebt und geschätzt zu werden. Eine Frau ist wie die Erde, die Mutter der Schöpfung. Du mußt sie lieben, du darfst dich nicht verlieben. Ich sehe und bestehe in der Liebe. Ich liebe so sehr, daß ich hungrig aussehe. Reine Liebe ist das. Wenn ich mal verärgert aussehe, dann ist das, weil ich vor lauter Liebe völlig daneben bin.

Februar 1976

Billie Holiday singt: »When your money done, you ain't got no friends« [Wenn dein Geld alle ist, hast du keine Freunde]. Wenn dein Geld alle ist, hast du vielleicht auch keine Frau!

Oktober 1975

Kinder sind was Wunderbares. Und dafür braucht's wirklich nicht viel, nur ein nettes Mädchen, das nicht verhütet. Geschlechtsverkehr ist eine wunderschöne Sache.

Oktober 1975

Ich hab drei Mädchen und vier Jungen, und noch eins ist unterwegs. Die Älteste ist so acht oder sieben.

Mögen sie Musik?

O ja, sie sind echte Musiker. Sie wachsen auf und machen Musik, das ist für sie was Natürliches. Es ist Rechtschaffenheit, Jah wird uns dafür belohnen. Kinder sind wundervoll, sie sind ein Teil meines Reichtums. Es ist wichtig, daß alles natürlich bleibt. Daß wir in Wahrheit leben, uns mit *I-tal* ernähren und lieben ... Ich hab nie so richtig an die Ehe geglaubt ... Die Ehe ist eine Falle, um mich unter Kontrolle zu halten; die Frau ist ein Feigling. Männer (sind) stark.

Juli 1975

Gibt es irgendwelche Frauen, die du bewunderst?

Diese eine Frau in Amerika ... Angela Davis. Eine Frau wie sie, die was verteidigt, vor der hab ich Respekt.

Juli 1975

Hast du vor, die »Miss World«, Cindy Breakespeare, zu heiraten?

Sie ist eine meiner Freundinnen.

April 1977

Journalistin: Wenn ich Irish Moss trinke, was passiert dann mit mir?*

Deine Muschi wird feucht.

Januar 1977

Wer war denn das?

Juni 1977, nachdem Bianca Jagger ihn backstage geküßt hatte

Ich spiele nicht um Geld. Die Leute in Jamaika behaupten, bei mir wird das Geld aufs richtige Pferd gesetzt. Bei mir? *I man* ist ein Heiliger! Mein einziges Laster sind die vielen Frauen. Aber abgesehen davon ist *I man* ein Heiliger, was diese ganzen Anschuldigungen angeht.

April 1978

*Aus Meeresalgen gewonnenes Getränk, das als Aphrodisiakum gilt

Gras

Das Heilmittel einer ganzen Nation. Gras ist wie Obst. Hält dich gesund und bei klarem Verstand.

Juni 1976

Wieviel rauchst du?

'Ne Menge.

Juni 1976

Der Teufel hat das Rauchen illegal gemacht, weil er nicht will, daß die Menschen das gleiche denken. Meine Freunde fühlen das gleiche wie ich, wenn wir rauchen. Wir erreichen einander, verstehst du? Und davor hat Babylon Angst, daß die Menschen alle das gleiche denken.

Juni 1976

Die Leute trinken, weil sie das gleiche Gefühl haben wollen, das ich kriege, wenn ich Gras rauche. Jeder muß mal high sein, aber manche werden mit den falschen Sachen high.

Juni 1976

Sie haben mich in einen Raum gebracht und gefilzt. Der eine Typ hat Englisch gesprochen, ihn hab ich verstanden; der andere Typ hat nur Deutsch gesprochen, aber ich hab gespürt, was los ist, und er hat immer wieder gesagt: »Er muß es haben.« Das war wie'n kleiner Horrortrip, so mit Hunden und allen Schikanen, aber mir war's egal, ich hatte ja nichts dabei. Wir sind ja nicht dahin, um gegen die deutschen Gesetze zu verstoßen. Ich hatte nichts dabei, und ich brauchte auch nichts, weil Gott mich führt und mich beschützt, und er wird es nicht zulassen, daß ich in den Knast muß.

1976, nach einer Razzia in Düsseldorf

Achtung! Bullen! Wenn irgend jemand was dabei hat – spült's runter, schnell runterspülen!

1977, an der belgisch-französischen Grenze

Jedesmal wenn ich durch den Zoll muß, gibt's 'ne kleine Durchsuchung. Wie die abläuft, hängt von den Sachen ab, die du bei dir hast. Hast du was Kleines in der Hand, dann wirst du kurz durchgecheckt, hast du 'ne große Tasche dabei – dann geht das so vier oder fünf Stunden. Die denken sich: »Der muß doch was dabeihaben.«

August 1980

Irgendwelche Probleme mit der Ganjaversorgung auf Jamaika?

Das ist das einzige, von dem es in diesem Land genug gibt! Jede Menge Gras! Ich mag am liebsten Lambsbread, oder Jerusalembread. Das ist so'n bißchen wie Baumwolle. Wir haben es früher immer »goatshit« [Ziegenscheiße] genannt. Ein starkes Gras, richtig gutes Zeug.

September 1980

Hast du auch in Simbabwe Gras geraucht?

Ja ... an einem Abend sind wir zu so 'nem Soldatentreff, und einer von den Guerillas dort hat mich angequatscht und mir was gegeben, nur so'n kleines bißchen ... aber das hat's in sich gehabt! Kein Wunder, daß die den Krieg gewonnen haben! Junge, ich sag dir, die Männer haben vielleicht ein gutes Gras geraucht! Sie haben mir erzählt, daß sie sich tapfer fühlen, wenn sie das Gras rauchen, und sie haben mir erzählt, daß es sie ... unsichtbar macht.

September 1980

Je mehr Leute Gras rauchen, desto eher geht Babylon unter.

Februar 1976

Wenn du Gras rauchst, zeigt sich dir dein wahres Gesicht. Alles Böse, was du tust, kommt zum Vorschein – Gras ist dein Gewissen und gibt dir ein ehrliches Bild von dir selbst.

September 1980

Vielleicht könntest du ohne Gras meditieren, irgendwo, wo's still ist, aber selbst wenn du in den Wald gehst, sind da immer noch die Vögel. Wenn du aber Gras rauchst, klingen die Vögel vielleicht noch süßer und helfen dir beim Meditieren.

1978

Der Staat erzählt dir, daß du kein Gras rauchen darfst, weil's dir nicht gut tut. Aber wenn sie dich dabei erwischen, dann stecken sie dich ins Gefängnis. Ich glaube, es ist besser, hier draußen Gras zu rauchen, als im Gefängnis zu sein.

1978

Berühmtsein

Als eine der wichtigsten Persönlichkeiten, die der Reggae hervorgebracht hat, spürst du da eine gewisse Verantwortung oder gar Nervosität?

Ich denke erst gar nicht drüber nach. Wenn mich nicht jemand drauf anspricht, mach ich mir keine Gedanken darüber, was passiert.

Juni 1976

Für mich ist es keine Belastung. Die Dinge werden nicht schlechter, niemals. Alles wird besser. Kein Problem für mich.

Juni 1976

Meine Freunde? Die wissen gar nicht, was läuft – na ja, sie wissen es schon, aber sie sind ja so *cool*!

Juni 1976

Es macht keinen Unterschied. Es ist nicht so, daß mir irgendwas gefehlt hätte, bevor die Menschen in anderen Ländern angefangen haben, meine Songs zu singen.

Juni 1976

Ich genieße den Erfolg nicht. Guck doch nur, wie schlank ich bin. Ich bin nur gekommen, um Gottes Werk zu tun, aber den Erfolg genieß ich nicht.

Juni 1976

Jeder wird dir das sagen. Frag irgendeinen auf der Straße, jemanden, der mich schon lange kennt. »Kennst du Bob?« – »Schon ewig.« – »Hat er sich irgendwie verändert?« – »Er ist die ganze Zeit der gleiche geblieben, hat sich nie groß ändern müssen; er ist nur ein Mensch, wie andere auch, der weiß und tut, was er kann und der die Wahrheit annehmen kann.«

März 1978

Nein, ich will keinen Erfolg. Erfolg ist nicht »in«. Wenn du nach ihren Regeln spielst, bringt dich das System um.

Juni 1976

Geld ist nicht wichtig. Nur die Musik zählt. Wenn die Leute erst ans Geld denken, und dann an die Musik, dann ist ihre Musik nicht das Geld wert, an das sie denken.

1977

War deine Karriere bisher ein Erfolg?

Ich war schon immer erfolgreich, von Anfang an. Der Erfolg ist in uns. Er muß uns nicht erst in den Schoß fallen, wir haben ihn immer schon dabei. Ich selbst bin der Erfolg. Genau dort liegt der Erfolg.

Juni 1975

Wie wirst du mit dem Ruhm fertig?

Ich werde dadurch mit meinem Ruhm fertig, daß ich nicht berühmt bin ... Für mich bin ich nicht berühmt.

Dezember 1974

Geld, Geld, es darf deinen Charakter nicht verderben. Die dürfen sich nicht durch das Geld versauen lassen. Ich selbst kann jetzt nicht unbedingt sagen, daß viele Leute sich tatsächlich durch das Geld verändern, weil ich weiß, daß ich immer noch gute Freunde habe. Wenn dich das Geld erst mal verdorben hat, Junge, dann hast du keine Freunde mehr. Deine Freunde sind dein Geld – die ganzen Leute, die wir jetzt hier so um uns haben, zum Beispiel, die mögen dich, weil du Geld hast, und wenn dein Geld alle ist, bist du erledigt. Es gibt 'ne Menge Leute, die von sich singen müssen: »When your money done, you ain't got no friends.«

1975

Ich hab gelernt. Ich hab dazugelernt, seit ich eingestiegen bin, seit ich mit der Musik angefangen hab. Die Leute haben mich gewarnt. Sie haben mir gezeigt – paß auf, das ist ein Spiel, bei dem du dein Bewußtsein verlieren wirst, wenn dein Verstand nicht scharf genug ist. Aber du wirst dein Bewußtsein nur dann verlieren, wenn du dich für Gott weiß wen hältst ... Die haben gemeint, das kann einem richtig zu Kopf steigen. Und dann ist es aus. Deshalb trage ich einen Verband um meinen Kopf, damit ich meine fünf Sinne beisammen halte.

Dezember 1974

Man kann feststellen, daß die meisten Leute, wenn sie zu Geld kommen, sich zurückziehen und verdummen. Geld macht mich nicht reich. Es macht mich reich, zu leben und barfuß auf der Erde zu gehen.

Oktober 1975

Ich hab lange Zeit ohne Geld auskommen müssen, bevor ich dann mal angefangen hab, ordentlich zu verdienen, aber ich hab mit meiner Arbeit nicht darauf abgezielt, ein Star zu werden, und ich achte darauf, daß mein Leben sich nicht nur noch um Geld und Status dreht ... Ich bestreite ja gar nicht, daß ich ab und zu ein gewisses Vergnügen am Erfolg habe, aber es ist ein weltlicher Genuß und ich brauch ihn eigentlich nicht, weil er einen kaputtmacht.

Juni 1976

Ich bin ein natürlicher Mensch, so natürlich wie jeder andere auch, und ich fühle auch wie alle anderen. Ich fühl mich eigentlich nicht als Künstler oder Star oder irgendwas in der Art. Ich weiß, was ich will, ich weiß, woher ich komme, und ich weiß, wohin ich gehe.

August 1976

Die Medien

Manchmal ist es schön, wenn man ein bißchen Promotion machen und die Botschaft da draußen verbreiten kann. Interviews sind ein Muß, sie helfen mir persönlich mehr als alles andere, weil die meisten Radiosender meine Musik nicht spielen; die Leute erfahren nur aus den Zeitschriften davon.

September 1975

Manches von dem, was so geschrieben wird, ist richtig gut. Manches davon richtig peinlich. Mir ist es vor allem lieber, wenn ein junger Typ mir die Fragen stellt und nicht ein älterer. Ein Alter versteht nicht, und er will dich auch nicht verstehen. Er ist an einem Punkt, wo er sich nicht mehr groß umschauen will. Der guckt nicht mehr weiter als bis zur Rente!

Juni 1976

Es ist mir völlig egal, was die Kritiker sagen. Wenn ich einen Fehler gemacht hab, weiß ich, daß ich einen Fehler gemacht hab.

Juni 1975

Oft stimmt vieles nicht (in Interviews mit der Presse). Ein Fehler, den sie immer wieder machen, ist, wenn sie Rastafari falsch interpretieren. Und manchmal haben sie's von Dreadlocks, Haarwachs und all so 'nem Zeugs.

September 1975

Entweder diese Zeitungen verstehen's einfach nicht, oder sie legen's drauf an, meine Ansichten in den Schmutz zu ziehen und darauf herumzutrampeln.

1978

Reggae im Radio darf man den Leuten nicht als reines Musikprogramm verkaufen, das sie einfach nur genießen. Es muß ein Bildungsprogramm sein. Ich möchte mich darauf freuen können, etwas über den Kampf ums Leben zu hören, den die gesamte Menschheit führt. Es darf nicht einfach heißen: »Okay, das war Bob Marley, das war John Holt, das war Dennis Brown.« Du kannst nicht nur die Hülle verkaufen, du mußt sagen, was drin ist.

1975

Als ich in Ghost Town gelebt hab, sind nie irgendwelche Journalisten gekommen. Als ich in Ghost Town gelebt hab, hinter mir Wellblech und vor mir der Friedhof ... dort hat mich nie jemand besucht. Dann sind wir nach *uptown* gezogen, und die ganzen Journalisten sind gekommen.

Juli 1976

Krankheit

Ich hab in Paris Fußball gespielt, und einer ist mir im Regen dermaßen reingegrätscht ... Der Fuß hat dann angefangen wehzutun, und ich hab mich noch gewundert, warum das so lange nicht aufgehört hat zu brennen. Mann, ich hab noch'n Tor geschossen und dann bin ich nur noch vom Feld gehumpelt. Als ich meinen Schuh aushatte, hab ich dann gesehen, daß der ganze Zehnagel ab war.

1977

Sie hatten andere Vorstellungen davon, wie's laufen sollte, als ich. Sie wollten mich auf einen Startrip schicken, aber ich hab gemerkt, mir geht's nicht gut, ich fühl mich völlig ausgelaugt, ich muß eine Pause machen. Aber was mit mir ist, das berührt die nicht weiter. Sie gehen hin und planen eine Tour durch Nordamerika. Ich hab Muhammed Ali und Alan Cole (jamaikanischer Fußballer und Mitglied von Marleys Entourage) zugeschaut und gesehen, wie diese Athleten immer auf ihre Verfassung achten. Aber die Leute, die das Tour-Ding drehen, die wissen nicht, was Arbeit ist. Die kassieren nur das Geld, und wenn's dunkel wird, findest du sie mit zwei Mädchen im Bett. Während du schuftest und dir den Arsch aufreißt. Als ich mich am Zeh verletzt hatte, wußten sie noch nicht mal, daß der Zehnagel ab war. Sie haben trotzdem weiter an der Nordamerika-Tour geplant. Sie hatten vor, meinen Zeh amputieren zu lassen, nur damit ich die Nordamerika-Tour machen konnte. *Exodus* machte gerade Furore, und wenn ich die Tour machen würde, würde sich *Exodus* mehr als eine Million mal verkaufen. Seine Majestät (Kronprinz Asfa Wossen, Haile Selassies Sohn) hat mich in London gefragt: »Welche Sünde begehst du, wenn du damit einverstanden bist, dir den Zeh abschneiden zu lassen?« Da hab ich ihnen (den Geschäftsleuten) einfach gesagt: »Verpißt euch, laßt mich in Ruhe!«, und mich entschieden, eine Pause zu machen.

1977

Ich hab Schmerzen im Hals und in meinem Kopf, und das bringt mich noch um. Es ist so, als ob jemand versucht, mich umzubringen. Ich komm mir vor, als ob ich vergiftet worden wäre. Und irgendwas ist mit meiner Stimme nicht in Ordnung. Ich hab mich in meinem ganzen Leben noch nie so gefühlt.

August 1980

Hail Rasta! Ihr glaubt doch nicht etwa, verdammt noch mal, daß mich irgendwas umbringen könnte? Wie ich gehört hab, interessieren sich die Leute von der Presse und die Leser sehr für meine Gesundheit und machen sich große Sorgen. Ich möchte euch allen für euer Interesse danken und euch sagen, daß ich 1981 wieder auf Tour sein werde – wirklich, eine Show für unsere geliebten Fans. Wunderschön. Ich bin's wirklich, der da zu euch spricht, Bob, also kein Zweifel, okay? Gut.

November 1980

Wie so viele andere Patienten, die hierher (Dr. Josef Issels Klinik in Bayern) gekommen sind, war ich für die Ärzte praktisch schon tot. Jetzt weiß ich, daß ich leben kann. Ich hab's bewiesen.

März 1981

Ich bin mehr in mich gegangen. Ich hab Zeit gehabt, meinen Glauben zu erforschen, und es hat mich nur noch stärker gemacht.

März 1981

Mystiker des Natürlichen

Ich bin hier schon einmal gewesen, und ich werde wiederkommen, aber ich mache diese Reise nicht noch einmal.

1979

Musik ist ein gefährliches Spiel. Ein Musiker ist ein Mensch, der ein weiches Herz hat. Er ist da ein bißchen anders.

September 1975

Vielleicht klingt das für dich komisch, aber ich habe keine Erwartungen an das Leben. Verstehst du, wie ich das meine? Ich wachse, immer, und die Dinge, mit denen ich wachse, die laß ich nie wieder sein. So wie die Bäume, diese süß duftenden Bäume, von denen man nimmt, Tee kocht, trinkt. Buschtee. Ich kann das, was mich glücklich macht, nicht aufgeben. Es gibt viele Dinge, die ich wirklich liebe, und die du mit Geld einfach nicht kaufen kannst.

September 1980

Wie alt bist du?

Heute ... so um die dreißig? Nein, ich bin heute. Ich bin wie der Tag. Bei mir gibt's so was wie eine Geburt eigentlich nicht.

Februar 1976

Gott hat die Erde für uns geschaffen, aber die Leute fragen sich: »Wem gehört der Baum? Wem gehört die Leiter? Wem gehört die Ganja-Pfeife?«

Juni 1980

Es gibt zwei Straßen. Die eine führt ins Leben, die andere in den Tod. Wenn du im Tod lebst, wirst du tot sein. Und wenn du im Leben lebst, wirst du leben. So wie dein Mund spricht, so lebst du auch.

Februar 1976

Wenn es soweit ist, werden die Menschen in allen Dingen die Wahrheit suchen. Sie werden sie finden, wenn sie bereit sind, sie zu hören.

August 1978

Wenn du nachts schlafen gehst, legst du deinen Kopf aufs Kissen und schläfst ein. Wo bist du selbst bloß während dieser Zeit? Trotzdem öffnest du deine Augen wieder.

Februar 1976

Ich kann nicht sagen, was passieren wird. Ich warte nur. Die Prophezeiung kommt für mich als letztes.

Februar 1976

Zweifellos sind das jetzt die letzten Tage. 1975. Es ist das letzte Vierteljahrhundert vor dem Jahr 2000, und Rechtschaffenheit, die positive Denkweise, wird gewinnen. Das Gute besiegt das Böse. Wir sind von unserem Sieg überzeugt.

Juli 1975

Den Menschen wird nicht die Zeit gelassen, ihre Intelligenz zu erweitern. Manchmal glaube ich, die intelligentesten Menschen sind die ärmsten: Sie wollen nur essen.

Juni 1980

Es ist nicht so, daß man von »Geist« sprechen kann – ich kann nur das wirklich sehen, was ich direkt vor mir sehe. Das ist die Wirklichkeit, und die Zeit ist kurz, es kann bald ein anderer Wind wehen, du kannst es nie wissen.

November 1979

Wenn du auf dem Land bist, und es ist Nacht ... wenn nachts Regen fällt, das ist das Beste, denn man hört nichts als den Regen, der auf den Blättern Musik macht.

April 1977

Leben ... wir haben es hier mit Leben zu tun. Nicht mit dem Tod. Wer das Licht sieht und das Licht erkennt, wird leben.

Mai 1973

Das ist der Fehler, den die Menschen machen: Sie sagen, das Fleisch ist nichts wert, aber das ist die größte Lüge. Das Fleisch ist das, was du hast, und das, was Gott da in dich reingesteckt hat, das ist dein Leben.

Juli 1979

Betrachte die Menschen nicht, als ob sie was anderes wären, sieh sie einfach als Menschen. Gottes Geschöpfe. Ich laß mir nicht ihre Papiere geben, mich interessiert nicht, was irgendwo geschrieben steht. Ich verlaß mich auf mein Gefühl.

Juni 1976

Die Welt des Materiellen bedeutet mir nichts. Ich bin ein Mensch, der auf Stein schläft. Der in die Berge geht und sich ausruht. Das ist meine Freude. Die Erde gehört *I*, alle Dinge gehören zu *I*.

Juni 1974

Mein Zuhause ist das, worüber ich nachdenke. Mein Zuhause ist nicht irgendeine materielle Auszeichnung irgendwo dort draußen. Mein Zuhause ist in meinem Kopf.

August 1976

Bob Marley ist nicht mein richtiger Name. Ich kenne meinen Namen bis jetzt noch nicht einmal.

Juni 1974

Ich schaue in mich selbst. Ich sehe die Welt draußen kaum. Meine Augen blicken nach innen. Es ist mir egal, was die Menschen tun oder sagen, ich jedenfalls suche die wahren Dinge.

Juni 1975

Ich mach das, was ich heute mache, weil ich so gemacht wurde, daß ich so was mache.

Juni 1975

Ich bin nämlich nicht von dieser Welt. Ich lebe in dieser Welt, aber ich bin nicht von dieser Welt.

Juni 1975

Wir brauchen *positive vibrations*. Du darfst auf keinen Fall ignorant sein, du mußt sehr intelligent sein. Du mußt das Negative völlig ausblenden: negativ, draußen. Du mußt positiv denken. Das, was dein Mund sagt, hält dich am Leben. Das, was dein Mund sagt, tötet dich. Und das Größte ist das Leben.

Juni 1975

Was ist dein Aszendent?

Also, über so was hab ich noch nie Bescheid gewußt.

Wo steht der Mond in deinem Horoskop?

Auch über so was hab ich noch nie Bescheid gewußt. Ich weiß nur ein paar natürliche Dinge.

Juni 1975

Wir sind wie Kinder auf dieser Erde, aber unser Verstand ist schon davon völlig überfordert. Niemand zeigt einem die richtige Art zu leben, und im Augenblick hat der Teufel eine Menge Einfluß. Aber meiner Meinung nach kann der Einfluß des Teufels nur zum Tod führen.

Juni 1976

Du mußt nur richtig leben. Das Boot wird vielleicht hin und her geworfen, aber wir halten Kurs.

März 1976

Jeder Mensch ist ein eigenes Universum.

April 1978

Meine Musik wird ewig weiterleben. Vielleicht sagt so was nur ein Dummkopf, aber wenn ich Tatsachen weiß, kann ich sie auch aussprechen: meine Musik wird ewig weiterleben.

Juni 1975

Bildlegenden

1, 3, 10	Ende der siebziger Jahre
2, 4	Anfang der siebziger Jahre
5	Hope Road, Kingston, Ende der siebziger Jahre
6, 7, 9	1978
8	Battersea Park, 1975
11	Bunny Wailer
12	Rita Marley
13	Ziggy Marley mit Cedella Booker, Bob Marleys Mutter
14, 15	1980
16	Kingston, 1980

Bildnachweis

Adrian Boot/Bob Marley Music Inc.: 1-15
Adrian Boot/Tuff Gong: 16

Diskographie

Soul Rebel, 1971, Trojan
Catch A Fire, 1973, Island
Burnin', 1973, Island
African Herbsman, 1973, Island
Rasta Revolution, 1974, Island
Natty Dread, 1974, Island
Live At The Lyceum, 1975, Island
Rastaman Vibration, 1976, Island
Birth Of A Legend, 1977, Epic
Early Music, 1977, Epic
Exodus, 1977, Island
Reflection, 1977, Fontana
Kaya, 1978, Island
Babylon By Bus, 1978, Island
In The Beginning, 1979, Psycho
Survival, 1979, Island
Uprising, 1980, Island
Chances Are, 1981, WEA
Confrontation, 1983, Island
Legend, 1984, Island
Rebel Music, 1986, Island

Talkin' Blues, 1991, Island
One Love – Bob Marley And The Wailers At Studio One, 1991, Heartbeat
Songs Of Freedom, 1992, Island
Natural Mystic – The Legend Lives On, 1995, Island
Soul Almighty, 1996, Koch
Chant Down Babylon, 1999, Island
The Early Years 1969-1973, o. J., Trojan

David Dalton/Mick Farren (Hg.)

The Rolling Stones

In eigenen Worten

Aus dem Englischen von Torsten Waack

260 Seiten · 22 Schwarzweißfotos
13,5 x 21 cm · Gebunden
DM 34,- · ÖS 248,- · SFr 33,- · ISBN 3-930378-04-3

Erstmals kommen in einer einzigen Veröffentlichung alle Stones-Mitglieder zu Wort.

»Ein Werk, das anders ist als all die anderen.«
Abendzeitung/München

Miles (Hg.)

John Lennon

In eigenen Worten

Aus dem Englischen von Kathrin Razum

140 Seiten · 16 Schwarzweißfotos
13,5 x 21 cm · Gebunden

DM 29,80 · ÖS 218,- · SFr 29,80 · ISBN 3-930378-10-8

»Ein spannendes Selbstportrait und unbedingtes Muß für jeden Lennon- und Beatlesfan.«
Musikwoche

John Duffy (Hg.)

Bruce Springsteen

In eigenen Worten

Vorwort von Wolfgang Niedecken

Aus dem Amerikanischen von
Sylke Wintzer und Peter Dürr

152 Seiten · 16 Schwarzweißfotos
13,5 x 21 cm · Gebunden
DM 29,80 · ÖS 218,- · SFr 29,80 · ISBN 3-930378-27-2

»Das Buch hält was der Titel verspricht. Wirklich empfehlenswert.«
Musix/Das Konzertmagazin

»Ein abgerundetes Portrait über Springsteens Leben und seine Musik.«
Informationsdienst der Einkaufszentrale für öffentliche Bibliotheken

---

Peter Hogan (Hg.)

R.E.M.

In eigenen Worten

Aus dem Amerikanischen von Sylke Wintzer

128 Seiten · 16 Schwarzweißfotos
13,5 x 21 cm · Gebunden
DM 29,80 · ÖS 218,- · SFr 29,80 · ISBN 3-930378-17-5

»Der Palmyra Verlag hat auch bei der Fotoauswahl ein hervorragendes Händchen bewiesen.«
Rockzentrale Franken

Nick Wise (Hg.)

Nirvana · Kurt Cobain · Courtney Love

In eigenen Worten

Aus dem Amerikanischen von Kathrin Razum

140 Seiten · 16 Schwarzweißfotos
13,5 x 21 cm · Gebunden

DM 29,80 · ÖS 218,- · SFr 29,80 · ISBN 3-930378-12-4

»Wises Buch zerrt die bittere Wahrheit hinter Nirvanas Erfolgsstory ans Licht.«
Westdeutsche Allgemeine

Paul Williams

Like A Rolling Stone

Die Musik von Bob Dylan, 1960-1973

Aus dem Amerikanischen von Kathrin Razum

472 Seiten · 16 Schwarzweißfotos
13,5 x 21 cm · Gebunden
DM 49,80 · ÖS 364,- · SFr 47,80 · ISBN 3-930378-01-9

»Das definitive Buch über Dylans Kunst.«
Siegfried Schmidt-Joos
Sender Freies Berlin

Paul Williams

Forever Young

Die Musik von Bob Dylan, 1974-1986

Vorwort von Günter Amendt

Aus dem Amerikanischen von Kathrin Razum

520 Seiten · 16 Schwarzweißfotos
13,5 x 21 cm · Gebunden
DM 54,- · ÖS 394,- · SFr 51,- · ISBN 3-930378-05-1

»Faszinierend und unverzichtbar.«
Rolling Stone/Deutsche Ausgabe

Georg Stein

Bob Dylan – Temples In Flames

Vorwort von Wolfgang Niedecken

Text von Martin Schäfer

96 Seiten · 70 Farb- und Schwarzweißfotos
24 x 22 cm · Gebunden · Kunstdruckpapier
DM 24,- · ÖS 175,- · SFr 24,- · ISBN 3-9802298-0-7

»Stein sind zweifellos Fotos von ganz besonderer Aussagekraft gelungen.«
tip/Berlin

B.B. King mit David Ritz

Ein Leben mit dem Blues

Die Autobiographie

Vorwort von Udo Wolff
Aus dem Amerikanischen von Sylke Wintzer

380 Seiten · 17 Schwarzweißfotos
13,5 x 21 cm · Gebunden
DM 49,80 · ÖS 364,- · SFr 47,80 · ISBN 3-930378-19-1

»Das Buch überzeugt in jeder Hinsicht.«
Musikwoche

»Ein wirklich tolles Buch!«
Jazz Radio Berlin

Johnny Cash mit Patrick Carr

Cash

Die Autobiographie

Vorwort von Kris Kristofferson

Aus dem Amerikanischen von
Sylke Wintzer und Peter Dürr

390 Seiten · 19 Schwarzweißfotos
13,5 x 21 cm · Gebunden
DM 49,80 · ÖS 364,- · SFr 47,80 · ISBN 3-930378-23-X

»Der große Johnny Cash erzählt die Geschichte seiner sieben Leben; ein Buch, das man nicht mehr aus der Hand legen mag: ehrlich, kraftvoll, weise.«
Musikexpress/Sounds

»Johnny Cash ist die berühmteste Stimme Amerikas.«
Frankfurter Rundschau

Nick Johnstone

Patti Smith

Die Biographie

Vorwort von Inga Rumpf

Aus dem Englischen von Michael Schiffmann

296 Seiten · 31 Schwarzweißfotos
13,5 x 21 cm · Gebunden
DM 49,80 · ÖS 364,- · SFr 47,80 · ISBN 3-930378-26-4

»Johnstone erreicht bisweilen eine analytische Schärfe, die an Paul Williams' Werke über Bob Dylan gemahnt.«
Musikexpress/Sounds

»Kenntnisreich berichtet Johnstone und breitet bewandert viel Musikgeschichtliches aus.«
Frankfurter Allgemeine Zeitung

Maya Roy

Buena Vista

Die Musik Kubas

Vorwort von Compay Segundo

Aus dem Französischen von Maximilien Vogel

Glossar · 256 Seiten · 26 Farb- und Schwarzweißfotos
13,5 x 21 cm · Gebunden
DM 39,80 · ÖS 291,- · SFr 38,80 · ISBN 3-930378-30-2

Die erste umfassende Gesamtdarstellung der Musik Kubas in deutscher Sprache.

»Das wirklich Große an der kubanischen Musik ist, daß wir alle Rhythmen und Stile, die wir kennenlernen, umsetzen.«
Compay Segundo

Jörg-Peter Klotz (Hg.)

Wolfgang Niedecken und BAP

In eigenen Worten

Vorwort von Dietmar Schönherr

240 Seiten · 23 Schwarzweißfotos
13,5 x 21 cm · Gebunden
DM 34,- · ÖS 248,- · SFr 33,- · ISBN 3-930378-24-8

»Das Buch enthält eine hohe Dosis ungeschminkter Selbstkritik und unbequeme Wahrheiten.«
Mannheimer Morgen

Arno Köster (Hg.)

Udo Lindenberg

In eigenen Worten

Vorwort von Nina Hagen und Fritz Rau

132 Seiten · 16 Schwarzweißfotos
13,5 x 21 cm · Gebunden
DM 29,80 · ÖS 218,- · SFr 29,80 · ISBN 3-930378-20-5

»Ein interessantes Büchlein!«
Jürgen von der Lippe in der Sendung »Geld oder Liebe«

Konstantin Wecker

Schon Schweigen ist Betrug

Die kompletten Liedtexte

Vorwort von Dieter Hildebrandt

414 Seiten · 18 Schwarzweißfotos
13,5 x 21 cm · Gebunden
DM 49,80 · ÖS 364,- · SFr 47,80 · ISBN 3-930378-00-0

»Dem Verlag sei Dank sind erstmals alle Liedtexte in einem Buch versammelt.«
BuchJournal